kiwilimón
10 AÑOS
cocinando contigo

*Este recetario
pertenece a la cocina de:*

_____

kiwilimón
10 AÑOS
cocinando contigo

AGUILAR

Kiwilimón. 10 años cocinando contigo

Primera edición: febrero, 2020

D. R. © 2020, Kiwilimón

D. R. © 2020, derechos de edición mundiales en lengua castellana:
Penguin Random House Grupo Editorial, S. A. de C. V.
Blvd. Miguel de Cervantes Saavedra núm. 301, 1er piso,
colonia Granada, alcaldía Miguel Hidalgo, C. P. 11520,
Ciudad de México

www.megustaleer.mx

D. R. © Kiwilimón, por el diseño de cubierta e interiores
D. R. © Kiwilimón, por las fotografías de portada e interiores

Penguin Random House Grupo Editorial apoya la protección del *copyright*.
El *copyright* estimula la creatividad, defiende la diversidad en el ámbito de las ideas y el conocimiento,
promueve la libre expresión y favorece una cultura viva. Gracias por comprar una edición autorizada
de este libro y por respetar las leyes del Derecho de Autor y *copyright*. Al hacerlo está respaldando a los autores
y permitiendo que PRHGE continúe publicando libros para todos los lectores.

Queda prohibido bajo las sanciones establecidas por las leyes escanear, reproducir total o parcialmente
esta obra por cualquier medio o procedimiento así como la distribución de ejemplares
mediante alquiler o préstamo público sin previa autorización.
Si necesita fotocopiar o escanear algún fragmento de esta obra diríjase a CemPro
(Centro Mexicano de Protección y Fomento de los Derechos de Autor, https://cempro.com.mx).

ISBN: 978-607-318-923-1

Impreso en México – *Printed in Mexico*

El papel utilizado para la impresión de este libro ha sido fabricado a partir de madera procedente
de bosques y plantaciones gestionadas con los más altos estándares ambientales, garantizando
una explotación de los recursos sostenible con el medio ambiente y beneficiosa para las personas.

Penguin
Random House
Grupo Editorial

*A todas las MAMÁS y abuelitas
que nos han inspirado en la cocina.*

BIENVENIDA

Hace diez años comenzamos la historia de Kiwilimón con recetas familiares que nos habían regalado; recetas de abuelas y madres, transmitidas a lo largo de las décadas, de generación en generación, entre personas muy conocedoras de la cocina mexicana. Comenzamos con la idea de recolectar tantas recetas como pudiéramos, con el fin de organizarlas y publicarlas en una plataforma digital de recetas en español y ofrecerlas a todos. Aunque confiamos en las perspectivas de nuestro proyecto, el éxito de Kiwilimón en la última década superó todas nuestras expectativas y ha llegado a hogares mucho más allá de México, convirtiéndose en una de las más grandes plataformas en línea en español, con millones de usuarios en todo el mundo.

Kiwilimón celebra diez años de compartir recetas con ustedes y qué mejor manera de hacerlo que con la publicación de nuestras recetas más queridas en un libro de cocina completo. Ha sido nuestra prioridad desarrollar y diseñar menús sugerentes, de manera personal, divertida y con una hermosa presentación que ilustra nuestro deseo de compartir el regalo de cocinar con amor. Asimismo, celebramos diez años de crear conexiones entre personas para acercarse a sus amigos y familiares cocinando comidas memorables que los trasladen a algún lugar o les recuerden un momento especial.

¿Qué les gustaría cocinar? Este libro de aniversario incluye 114 deliciosas recetas que les ayudarán a resolver cualquier duda culinaria, pues hemos seleccionado las recetas que enamoran a nuestra audiencia, incluyendo platillos como chiles en nogada, pasta Alfredo o un increíble pastel de zanahoria con queso crema. En este libro les brindamos lo mejor de todo: bebidas, sopas, verduras, pastas, pescados, pollos y carnes, sin olvidar nuestros grandiosos postres, que han causado sensación durante todos estos años entre nuestros usuarios en internet. Son recetas fáciles de seguir, con ingredientes accesibles que deben ser disfrutados con seres queridos y que nos unen a través de una comida nutritiva, deliciosa y espectacular que sorprenderá a cualquier invitado especial.

Admitimos que el excelente diseño y sus bellas fotografías a color, darán al lector la sensación de seguridad en la cocina al seguir paso a paso la preparación de sus recetas. Porque un gran libro de cocina ofrece ideas innovadoras y da una sensación de consuelo, crea magia y un camino hacia la innovación culinaria, un servicio perfecto, sofisticación y lealtad; es como un amigo incondicional. Esperamos y confiamos que *Kiwilimón. 10 años cocinando contigo* se convertirá en un ejemplar esencial para sus hogares de ahora en adelante.

Estos diez años de éxito de Kiwilimón no serían posibles sin la lealtad y confianza de nuestros queridos lectores, quienes desde el espacio más íntimo de su casa comparten sus propias recetas. La lista es demasiado larga para ponerlos a todos en este pequeño espacio, pero su generosidad y disposición para compartir sus recetas de comida con nosotros hicieron posible este libro, con el que celebramos nuestro décimo aniversario.

Agradecemos también a nuestros millones de seguidores, quienes con su entusiasmo al cocinar las comidas que presentamos en Kiwilimón nos animaron a traerles las recetas más solicitadas, las recetas más económicas y rendidoras, recetas para el *foodie* en tu casa, recetas vegetarianas y muchas más con las cuales podrán hacer felices a las personas que inviten a su mesa. Porque las comidas que nos unen son las comidas que nos permiten crecer, escuchar, participar y estar presentes. Los invitamos a hacer lo mismo con las recetas de este libro, pues estamos seguros de que con Kiwilimón ¡será fácil hacerlo irresistible!

Lorenza Ávila
Directora Editorial y Co-Fundadora

¡A COCINAR!

 ¡¡¡SALUD!!!
12

 CON VERDURAS
126

 PASTAS Y ARROCES
32

 ¡VIVA MÉXICO!
150

 VAMOS A COMERNOS UN POLLITO
54

 NOCHE DE PAZ Y PAVITO
176

 SÍ SE ARMÓ LA CARNITA ASADA
78

 SIN HORNO LA VIDA ES MÁS DULCE
192

 BAJO EL MAR
102

 POSTRES DE LA ABUELA
228

¡¡¡ SALUD !!!

Nada más refrescante que una deliciosa bebida fría ni más apapachador que una bebida calientita. No importa la ocasión ni tus gustos, estamos seguros de que después de prepararlas y al darle el primer sorbo te transportarán a una soleada tarde de verano en la que un vaso de agua fresca sabe a gloria, o esas tardes en la que necesitas subir el ánimo y un atole lo sentirás como un cálido abrazo. Aquí encontrarás doce recetas de bebidas para toda ocasión que te van a encantar y lo mejor es que son muy fáciles de preparar.

- **14** Agua fresca de horchata
- **14** Agua fresca de limón con fresa
- **16** Agua fresca de limón con chía
- **16** Agua fresca de sandía
- **18** Agua fresca de jamaica
- **18** Agua fresca de tamarindo
- **20** Piña colada tropical
- **22** Cantaritos locos
- **24** Champurrado
- **26** Atole de galleta
- **28** Mangonada
- **30** Margarita de jamaica

AGUA FRESCA DE HORCHATA

TIEMPO: 2 HRS 30 MIN   **DIFICULTAD:** BAJA   **PORCIONES:** 8

INGREDIENTES

- 2 tazas de arroz
- 3 tazas de agua caliente
- 1 taza de leche
- ½ taza de leche evaporada
- ½ taza de leche condensada
- 4 tazas de agua
- 2 cditas. de esencia de vainilla
- ½ taza de azúcar
- 1 cda. de canela molida
- hielo al gusto
- rajas de canela al gusto

1. En un bowl, remoja el arroz con el agua caliente durante 2 horas, mínimo.
2. Licúa el arroz con el agua de remojo, la leche, la leche evaporada, la leche condensada, el agua, la esencia de vainilla, el azúcar y la canela hasta obtener una mezcla sin grumos. Cuela y decora con rajas de canela. Sirve.

AGUA FRESCA DE LIMÓN CON FRESA

TIEMPO: 10 MIN   **DIFICULTAD:** BAJA   **PORCIONES:** 8

INGREDIENTES

- 1 taza de fresa
- ½ taza de azúcar
- 8 tazas de agua
- ½ taza de jugo de limón amarillo
- ½ taza de jugo de arándano
- hielo al gusto
- limón amarillo al gusto *(en rodajas)*

1. Licúa las fresas, el azúcar y el agua.
2. En una jarra con hielos vierte la preparación anterior y agrega el jugo de limón amarillo, el jugo de arándano y las rodajas de limón. Sirve.

AGUA FRESCA DE LIMÓN CON CHÍA

TIEMPO: 10 MIN   DIFICULTAD: BAJA   PORCIONES: 8

INGREDIENTES

- 8 tazas de agua
- 15 limones
- 1 taza de azúcar
- ⅛ taza de chía
- 8 limones *(en rodajas)*
- hielo al gusto

1. En una jarra vierte el agua, exprime los limones y mezcla con el azúcar y la chía hasta incorporar. Agrega rodajas de limón y deja reposar unos minutos para que la chía se hidrate.

2. Agrega hielos y sirve.

AGUA FRESCA DE SANDÍA

TIEMPO: 10 MIN   DIFICULTAD: BAJA   PORCIONES: 8

INGREDIENTES

- 3 tazas de sandía *(en cubos y sin semillas)*
- 8 tazas de agua
- 1 taza de azúcar
- hielo al gusto
- hierbabuena al gusto
- sandía al gusto *(en abanicos)*

1. Licúa la sandía, el agua y el azúcar hasta que tengas una mezcla tersa.

2. Decora los vasos con hierbabuena, abanicos de sandía y agrega hielos. Sirve.

AGUA FRESCA DE JAMAICA

TIEMPO: 20 MIN   DIFICULTAD: BAJA   PORCIONES: 8

INGREDIENTES

- 8 tazas de agua
- 2 tazas de flor de Jamaica *(deshidratada)*
- 1 taza de azúcar
- hielo al gusto
- rajas de canela al gusto

1. Para el concentrado, calienta en una olla a fuego medio el agua y la flor de Jamaica. Cocina tapado hasta que la flor esté suave. Cuela y reserva el líquido.

2. En una jarra mezcla el concentrado con el azúcar, agrega hielos y decora los vasos con una raja de canela. Sirve.

AGUA FRESCA DE TAMARINDO

TIEMPO: 30 MIN   DIFICULTAD: BAJA   PORCIONES: 8

INGREDIENTES

- suficiente agua
- 2 tazas de tamarindo *(pelado)*
- 1 taza de azúcar
- 8 tazas de agua
- hielo al gusto
- rodajas de naranja al gusto
- ½ taza de jugo de limón
- ½ taza de chile en polvo

1. Cocina en una olla a fuego medio el tamarindo con agua hasta que esté suave. Retira de cocción, cuela y enfría. Con ayuda de tus dedos separa la pulpa de las semillas.

2. Licúa la pulpa de tamarindo con el azúcar y el agua. Vierte en una jarra con hielos y rodajas de naranja.

3. Escarcha los vasos con el limón y el chile en polvo, agrega más hielos y decora con una rodaja de naranja. Sirve.

PIÑA COLADA TROPICAL

TIEMPO: 20 MIN DIFICULTAD: BAJA PORCIONES: 1

INGREDIENTES

- 60 ml de ron blanco
- ¼ taza de crema de coco
- 2 cdas. de leche evaporada
- ½ taza de jugo de piña
- 1 taza de hielo
- 1 cereza roja
- 1 rebanada de piña *(cortada en triángulo)*

1. Licúa por 3 minutos el ron, la crema de coco, la leche evaporada, el jugo de piña y el hielo.
2. Sirve y decora con la piña y la cereza.

TIP KIWILIMÓN

Para reducir la cantidad de azúcar en tu bebida, puedes sustituir la crema de coco por **coco rallado**. Lo único que tendrás que hacer es remojarlo en agua tibia y después licuar la misma cantidad de coco y de agua; de esta forma conseguirás una crema muy espesa.

CANTARITOS LOCOS

TIEMPO: 10 MIN   **DIFICULTAD:** BAJA   **PORCIONES:** 1

PARA ESCARCHAR Y DECORAR

- 2 limones *(cortados en rodajas, para escarchar y decorar)*
- 2 naranjas *(cortadas en rodajas, para decorar)*
- ¼ taza de chile en polvo *(para decorar)*
- ¼ taza de sal *(para decorar)*

PARA EL CANTARITO

- 1 taza de hielo frappé
- ¼ taza de tequila blanco
- 2 cdas. de jugo de naranja
- 2 cdas. de jugo de toronja
- ¼ taza de piña cortada *(en cubos)*
- 1 limón *(un gajo)*
- 1 toronja *(un gajo)*
- 1 naranja *(un gajo)*
- ½ taza de refresco de toronja

1. Frota la orilla del cantarito con la rodaja de limón.

2. En un plato, sirve la mitad de sal y la mitad de chile piquín. Para escarchar el cantarito, coloca la mitad de la boquilla en sal y la otra mitad en chile.

3. Rellena el cantarito con hielo frappé y agrega tequila blanco, jugo de naranja y jugo de toronja. Agrega los cubos de piña y los gajos de limón, toronja y naranja. Añade refresco de toronja.

4. Para decorar, coloca rodajas de naranja y limón.

CHAMPURRADO

TIEMPO: 40 MIN   **DIFICULTAD:** BAJA   **PORCIONES:** 6

INGREDIENTES

- 2 L de agua
- 2 piezas de piloncillo
- 1 raja de canela
- 4 tabletas de chocolate de mesa *(90 g c/u)*
- 250 g de masa de maíz

1. Hierve el agua con el piloncillo y la canela. Cocina hasta que se disuelva el piloncillo.
2. Agrega el chocolate y deja que se disuelva. Mueve de vez en cuando.
3. En un bowl, disuelve la masa con agua y revisa la consistencia. Poco a poco agrega más masa y mueve.
4. Una vez disuelta la masa, agrega el chocolate. Cocina hasta que la masa esté cocida y se logre una consistencia espesa. Sirve.

¿SABÍAS QUE?

El **champurrado** original no lleva vainilla ni azúcar, y los aztecas lo endulzaban con varitas de canela o le agregaban especias o condimentos para darle un sabor diferente, y así beberlo durante algunos rituales o ceremonias religiosas.

ATOLE DE GALLETA

TIEMPO: 35 MIN **DIFICULTAD:** BAJA **PORCIONES:** 6

INGREDIENTES

- 170 g de galletas María
- 2 tazas de leche evaporada
- ½ taza de leche condensada
- 1 L de leche
- 1 taza de agua
- 1 raja de canela

1. Licúa las galletas con la leche evaporada y la leche condensada.
2. En una olla a fuego medio, calienta la leche con el agua y una raja de canela. No dejes que hierva.
3. Vierte la preparación anterior y sin dejar de mover, deja cocinar por 10 minutos, o hasta que espese.
4. Sirve caliente.

¿SABÍAS QUE?

Las **galletas María** fueron creadas por los reposteros James Peek y George Hender Frean, quienes buscaron homenajear el matrimonio del príncipe Alfred, duque de Edimburgo, y Maria Alexandrovna, por lo que realizaron las galletas que llamaron "Marie biscuit".

MANGONADA

TIEMPO: 10 MIN   **DIFICULTAD:** BAJA   **PORCIONES:** 4

PARA EL RASPADO

- 1 taza de agua
- 1 taza de azúcar
- 4 mangos
- 4 tazas de hielo
- ½ taza de chamoy líquido
- ½ taza de chile en polvo

PARA DECORAR

- 1 mango *(en cubos)*
- ¼ taza de chamoy líquido *(para escarchar los vasos)*
- ¼ taza de chile en polvo *(para escarchar los vasos)*
- ½ taza de piña enchilada
- 4 piezas de pulpa de tamarindo *(en rollitos)*
- 4 paletas enchiladas de pulpa de tamarindo

1. En una ollita calienta el agua con el azúcar hasta formar un jarabe espeso. Deja enfriar.

2. Licúa el jarabe con la pulpa de cuatro mangos y el hielo hasta obtener una mezcla homogénea y tersa.

3. Escarcha los vasos con un poco de chamoy y el chile en polvo. Decora el interior de los vasos con chamoy.

4. Sirve la mangonada en los vasos y coloca los cubitos de mango. Decora con chamoy, chile en polvo y los dulces picositos.

MARGARITA DE JAMAICA

TIEMPO: 10 MIN   **DIFICULTAD:** BAJA   **PORCIONES:** 2

PARA LA MARGARITA

- 2 tazas de hielo
- ½ taza de concentrado de jamaica
- ¼ taza de tequila
- ⅛ taza de jugo de limón
- ¼ taza de licor de naranja

PARA ESCARCHAR

- suficiente limón *(cortado en rodajas)*
- suficiente chile en polvo
- suficiente flor de Jamaica

1. Coloca los hielos en la licuadora y agrega el concentrado de jamaica, el tequila, el jugo de limón y el licor de naranja. Licúa hasta obtener una mezcla homogénea. Reserva.

2. Moja la boquilla del vaso en el limón y luego escarcha con el chile en polvo.

3. Rellena con la preparación anterior y decora con la flor de Jamaica. Sirve.

¿SABÍAS QUE?

El **tequila** es un destilado de agave azul con denominación de origen, por lo que sólo puede llamarse tequila si está producido en Jalisco, Nayarit, Guanajuato, Michoacán o Tamaulipas.

PASTAS Y ARROCES

Si hay un platillo que se lleva bien con la cocina de todos los países es el arroz; y la pasta se puede cocinar de mil maneras, siempre con un toque especial. Es por esto que tanto el arroz como la pasta pasan de ser un complemento a ser protagonistas de estas deliciosas recetas: pasta Alfredo con pollo y brócoli, pasta cremosa al cilantro, arroz con elote y poblano, lasaña, chile ancho relleno de fideo seco, pasta roja cremosita. Éstos son algunos de los platillos con los que triunfarás.

- **34** Arroz blanco con elote y poblano
- **36** Pasta Alfredo con pollo y brócoli
- **38** Pasta cremosa al cilantro
- **40** Sopa de fideo con chile guajillo
- **42** Pasta de coditos fría con jamón
- **44** Espagueti verde
- **46** Rollitos de pasta con pollo Alfredo
- **48** Chile ancho relleno de fideo seco en salsa de frijol
- **50** Lasaña a la boloñesa
- **52** Pasta roja cremosita

ARROZ BLANCO CON ELOTE Y POBLANO

TIEMPO: 50 MIN   DIFICULTAD: BAJA   PORCIONES: 4

INGREDIENTES

- 2 tazas de caldo de pollo
- 1 diente de ajo
- ¼ cebolla
- 2 cdas. de aceite
- 1 taza de arroz *(enjuagado y remojado en agua caliente)*
- 2 chiles poblanos *(limpios, desvenados y cortados en rajas)*
- 1 taza de grano de elote
- ⅛ manojo de cilantro
- sal al gusto

1. Licúa el caldo de pollo con el ajo y la cebolla. Reserva.
2. Calienta a fuego medio el aceite, agrega el arroz y fríe por 7 minutos, o hasta que esté ligeramente dorado.
3. Agrega los granos de elote, las rajas de chile poblano, el caldo de pollo, el cilantro y sazona con sal.
4. Tapa y cocina de 15 a 20 minutos a fuego medio. Sirve.

¿SABÍAS QUE?

El **arroz blanco** puede ayudar en el fortalecimiento de los huesos debido a su alto contenido de calcio; además, si haces ejercicio podría beneficiarte en la formación y reparación de tejido muscular, pues contiene proteína.

PASTA ALFREDO CON POLLO Y BRÓCOLI

TIEMPO: 45 MIN   **DIFICULTAD:** MEDIA   **PORCIONES:** 4

PARA EL BRÓCOLI

- sal al gusto
- 4 tazas de brócoli

PARA LA PASTA

- 200 g de pasta pluma
- sal al gusto

PARA EL POLLO

- ½ cda. de aceite de oliva
- 1 cda. de mantequilla
- 1 pechuga de pollo *(en tiras)*
- sal y pimienta al gusto

PARA ARMAR TODO

- 2 dientes de ajo
- 1 taza de crema para batir
- 1 taza de leche
- 1 ½ tazas de queso manchego *(rallado)*
- 1 cdita. de orégano
- sal al gusto

PARA DECORAR

- orégano fresco al gusto
- queso parmesano al gusto *(en láminas)*

1. Hierve agua en una ollita, agrega sal y cocina el brócoli por 3 minutos. Retira y colócalo en agua con hielos. Escurre y reserva.

2. En una olla con agua hirviendo, cocina la pluma con un poco de sal. Escurre y reserva.

3. En una sartén profunda, calienta el aceite con la mantequilla, agrega las tiras de pollo y sazona con sal y pimienta. Cocina hasta que esté doradito.

4. Añade el ajo y cocina unos minutos. Agrega el brócoli, la pasta, la crema para batir, la leche, el queso y el orégano. Cocina hasta integrar todos los ingredientes. Sazona.

5. Sirve la pasta de inmediato y decora con orégano fresco y láminas de parmesano.

PASTA CREMOSA AL CILANTRO

TIEMPO: 45 MIN   DIFICULTAD: MEDIA   PORCIONES: 4

PARA LA PASTA

- suficiente agua
- suficiente sal
- 2 tazas de pasta corta *(como penne o fusilli)*

PARA LA SALSA

- ¼ cebolla
- 1 diente de ajo
- ⅓ taza de queso crema
- ½ taza de queso de cabra
- 1 taza de leche evaporada
- 1 taza de caldo de pollo
- 1 taza de cilantro
- 1 cda. de mantequilla
- suficiente sal y pimienta

PARA DECORAR

- suficiente cilantro
- suficiente queso parmesano *(rallado)*
- pan al gusto *(para acompañar)*

1. En una olla, hierve el agua y, cuando suelte el hervor, agrega la sal. Espera a que recupere temperatura y agrega la pasta. Cocina hasta que esté al dente. Escurre y reserva.

2. Para la salsa de cilantro, licúa la cebolla con el ajo, el queso crema, el queso de cabra, la leche evaporada, el caldo de pollo y el cilantro.

3. En una olla, calienta la mantequilla y cocina la salsa por 10 minutos a partir de que suelte el hervor. Sazona con sal y pimienta, incorpora la pasta y mezcla bien.

4. Sirve y decora con cilantro y queso parmesano. Acompaña con pan.

SOPA DE FIDEO CON CHILE GUAJILLO

TIEMPO: 45 MIN   DIFICULTAD: BAJA   PORCIONES: 4

PARA LA SOPA

- 3 jitomates
- 2 chiles guajillos *(desvenados y remojados)*
- 2 dientes de ajo
- ⅓ cebolla
- 4 cdas. de aceite vegetal
- 200 g de fideo número 2
- sal al gusto
- 5 tazas de caldo de pollo

PARA DECORAR Y ACOMPAÑAR

- aguacate al gusto
- cilantro al gusto
- limón al gusto
- chile guajillo al gusto *(cortado en aros)*

1. Licúa los jitomates con el chile guajillo, los dientes de ajo y la cebolla.

2. Calienta el aceite a fuego bajo, fríe el fideo hasta que esté ligeramente dorado. Vierte la preparación anterior y sazona con sal. Cocina por 5 minutos.

3. Agrega el caldo de pollo y cocina a fuego bajo por 20 minutos, o bien, hasta que los fideos estén cocidos.

4. Sirve en un plato hondo y acompaña con láminas de aguacate, cilantro, limón y chile guajillo en aros.

PASTA DE CODITOS FRÍA CON JAMÓN

TIEMPO: 25 MIN   DIFICULTAD: BAJA   PORCIONES: 6

INGREDIENTES

- 3 tazas de agua
- 1 cda. de sal
- 1 taza de pasta de coditos
- 2 tazas de jamón
- ½ taza de mayonesa
- 1 taza de crema ácida
- 1 pizca de sal
- 1 pizca de pimienta
- 2 cdas. de perejil *(finamente picado)*

1. Hierve agua en una olla, agrega sal y cocina la pasta de coditos hasta que esté al dente. Cuela y enfría. Reserva.

2. Corta el jamón en cuadritos.

3. En un bowl, mezcla la pasta de coditos con la mayonesa, la crema, la sal y la pimienta; añade el perejil y vuelve a mezclar hasta que queden incorporados todos los ingredientes. Sirve.

TIP KIWILIMÓN

Para que la **pasta** no se pegue, cuando quede cocida y bien escurrida, agrega unas gotas de aceite.

ESPAGUETI VERDE

TIEMPO: 45 MIN   **DIFICULTAD:** MEDIA   **PORCIONES:** 5

INGREDIENTES

- 500 g de espagueti
- 3 chiles poblanos
- 1 diente de ajo
- 1 taza de crema ácida
- sal al gusto
- 2 cdas. de mantequilla

1. Cuece el espagueti en abundante agua con sal. Una vez cocido, escurre y reserva.

2. En un comal asa los chiles hasta quemar. Colócalos en una bolsa, cierra y déjalos sudar al menos 15 minutos. Retira de la bolsa, desprende la piel y desvénalos.

3. Para la salsa, licúa los chiles con el ajo, la crema y la sal.

4. Vierte la salsa en una olla con la mantequilla y cocina durante unos minutos. Agrega la pasta y mezcla bien. Sirve.

¿SABÍAS QUE?

Una vez deshidratado, el **chile poblano** toma el nombre de ancho o mulato; su distinción principal es por el color que le proporciona el proceso de deshidratación.

ROLLITOS DE PASTA CON POLLO ALFREDO

TIEMPO: 55 MIN   DIFICULTAD: MEDIA   PORCIONES: 4

PARA EL POLLO ALFREDO

- 2 cdas. de mantequilla
- 1 cda. de ajo *(finamente picado)*
- 1 taza de crema para batir
- 190 g de queso crema
- 2 tazas de pollo deshebrado
- sal y pimienta al gusto
- 1 cda. de perejil *(finamente picado)*

PARA LA PASTA

- suficiente agua
- 15 láminas de pasta para lasaña
- suficiente sal
- 2 ramas de romero
- ½ taza de queso manchego *(rallado)*

1. Precalienta el horno a 180 °C.
2. En una sartén, calienta la mantequilla y agrega el ajo, la crema para batir, el queso crema, el pollo y sazona con sal, pimienta y perejil.
3. En una ollita con agua a fuego medio, cocina la pasta con sal y el romero hasta que esté al dente.
4. En una tabla, coloca las láminas de lasaña y rellena con la preparación de pollo.
5. Enrolla la pasta y colócala sobre un refractario. Cubre con el queso manchego y hornea durante 15 minutos, o hasta que los rollitos estén doraditos. Sirve.

CHILE ANCHO RELLENO DE FIDEO SECO EN SALSA DE FRIJOL

TIEMPO: 30 MIN   DIFICULTAD: ALTA   PORCIONES: 4

PARA EL CALDILLO

- 2 tazas de caldo de pollo
- 2 jitomates
- 1 diente de ajo
- ¼ cebolla blanca

PARA LA PASTA

- 1 taza de chorizo
- ½ taza de cebolla blanca
- 1 taza de fideo número 2
- sal y pimienta al gusto

PARA LA SALSA DE FRIJOL

- 1 taza de frijol de olla *(con caldo)*
- 1 taza de crema ácida
- ¼ taza de cilantro
- 3 hojas de epazote
- 1 chile chipotle seco *(limpio, desvenado e hidratado en agua)*
- 1 pizca de sal
- 1 pizca de pimienta

PARA LOS CHILES

- 1 L de agua
- ¼ taza de piloncillo *(rallado)*
- ¼ taza de vinagre de manzana
- 4 chiles anchos

PARA DECORAR

- 1 taza de queso fresco *(desmoronado)*
- 1 taza de crema ácida
- epazote fresco *(frito)*

1. Para hacer el caldillo, licúa el caldo de pollo con los jitomates, el ajo y la cebolla. Reserva.

2. Calienta una olla a fuego medio y cocina el chorizo hasta que suelte la grasa. Agrega la cebolla y la pasta de fideo, fríe hasta dorar pero cuida que no se queme.

3. A la mezcla anterior, agrega el caldillo de jitomate y deja que suelte el hervor. Baja el fuego y cocina hasta que esté cocido y el líquido se haya reducido. Sazona con sal y pimienta al gusto.

4. Para la salsa, licúa los frijoles con todo y caldo, la crema ácida, el cilantro, el epazote y el chipotle hasta obtener una salsa homogénea. Cocina en una olla a fuego medio alrededor de 5 minutos y sazona con sal y pimienta.

5. Calienta una olla con agua a fuego medio y añade el piloncillo y el vinagre de manzana. Cocina los chiles hasta que estén ligeramente suaves. Retira el líquido y seca con papel absorbente.

6. Rellena los chiles con el fideo seco y sirve en un plato con salsa de frijol en espejo. Decora con queso fresco, crema ácida y epazote frito.

LASAÑA A LA BOLOÑESA

TIEMPO: 1 HR 15 MIN   **DIFICULTAD:** ALTA   **PORCIONES:** 6

PARA LA BOLOÑESA

- 2 cdas. de aceite de oliva
- 1 taza de cebolla *(finamente picada)*
- 2 cdas. de ajo *(finamente picado)*
- ½ taza de apio *(finamente picado)*
- 2 zanahorias *(finamente picadas)*
- 2 jitomates *(sin cáscara y sin semillas)*
- 2 tazas de carne molida de res
- 1 taza de puré de tomate
- ½ taza de vino tinto
- 2 hojas de laurel
- 1 rama de tomillo
- 3 hojas de albahaca
- sal y pimienta al gusto

PARA LA SALSA BECHAMEL

- ½ taza de mantequilla
- ½ taza de harina
- 2 tazas de leche
- ¼ cdita. de nuez moscada
- sal y pimienta al gusto

PARA LA LASAÑA

- 6 tazas de agua
- 12 láminas de lasaña
- 12 rebanadas de queso manchego
- suficiente parmesano
- albahaca *(para decorar)*

1. Precalienta el horno a 180 °C.

2. Para la boloñesa, en una sartén a fuego medio, calienta el aceite, sofríe la cebolla, el ajo, el apio, la zanahoria, el jitomate, la carne de res y cocina por 5 minutos. Agrega el puré de tomate, el vino tinto, sazona con laurel, tomillo, albahaca, sal y pimienta. Reserva.

3. Para la salsa bechamel, en una sartén a fuego medio, calienta la mantequilla, agrega la harina y mueve con una palita hasta incorporar, añade la leche. Con un batidor globo, mezcla enérgicamente y agrega la nuez moscada. Sazona con sal y pimienta y cocina hasta que tenga una consistencia de salsa. Deja enfriar y reserva.

4. En una olla, calienta el agua a fuego medio y cocina las láminas de lasaña. Escurre y reserva.

5. Coloca las láminas de lasaña sobre un refractario y agrega la carne, la salsa bechamel, el queso manchego y el queso parmesano. Repite el proceso hasta llenar el molde y dejar una capa final de queso.

6. Hornea por 15 minutos, o hasta gratinar. Sirve.

PASTA ROJA CREMOSITA

TIEMPO: 35 MIN   DIFICULTAD: MEDIA   PORCIONES: 2

PARA LA PASTA

- suficiente agua
- suficiente sal
- 250 g de fusilli

PARA LA SALSA

- 5 jitomates *(en mitades)*
- 1 diente de ajo
- ¼ cebolla
- 1 ½ tazas de leche evaporada
- ½ taza de media crema
- ½ taza de puré de tomate
- 1 cda. de albahaca
- ½ cda. de orégano
- 1 cda. de margarina
- sal al gusto

PARA ACOMPAÑAR

- 1 cda. de perejil picado
- 2 cdas. de queso panela *(rallado)*

1. Hierve el agua en una ollita y agrega la sal y el fusilli. Cocina alrededor de 10 minutos, o hasta que esté al dente. Escurre y reserva.

2. Para hacer la salsa, en un comal asa los jitomates, el ajo y la cebolla.

3. Licúa las verduras junto con la leche evaporada, la media crema, el puré de tomate, la albahaca y el orégano.

4. Calienta una olla a fuego medio y derrite la margarina. Agrega la salsa y una vez que suelte el hervor, agrega la pasta. Cocina alrededor de 5 minutos, sazona con sal.

5. Sirve la pasta y acompaña con perejil picado y queso panela.

VAMOS A COMERNOS UN POLLITO

Si de versatilidad hablamos, no hay nada como el pollo. En tacos sahogados con salsa roja, tostadas de tinga, en mixiote o rollitos en salsa de poblano, el pollo es el ingrediente estrella de tus platillos favoritos y siempre queda bien. Además de que es ideal si estás tratando de cuidar tu figura, también es bueno para cuidar el bolsillo, pues es muy accesible. Te presentamos once recetas en donde el pollo es el protagonista que hará brillar tus platillos y te hará lucir como todo un chef profesional a la hora de cocinar.

- **56** Rollitos de pollo con salsa de poblano
- **58** Tacos ahogados de pollo con salsa roja
- **60** Entomatadas de pollo con queso crema
- **62** Pastel azteca con pollo
- **64** Tinga de pollo
- **66** Enchiladas de pollo con chile poblano
- **68** Mixiote de pollo con nopales
- **70** Pollo con salsa de champiñones y tocino
- **72** Enchiladas suizas picositas
- **74** Barbacoa de pollo en olla de presión
- **76** Muslos de pollo al limón

ROLLITOS DE POLLO CON SALSA DE POBLANO

TIEMPO: 50 MIN **DIFICULTAD:** MEDIA **PORCIONES:** 4

PARA EL RELLENO

- 2 cdas. de aceite vegetal
- 2 cdas. de ajo *(finamente picado)*
- ½ taza de cebolla *(finamente picada)*
- ¼ taza de zanahoria *(cortada en tiritas)*
- ¼ taza de brócoli *(en árboles pequeños)*
- ¼ taza de calabaza *(cortada en tiras)*
- ¼ taza de champiñones *(en cuartos)*
- 1 pizca de sal y pimienta

PARA EL POLLO

- 4 pechugas de pollo aplanadas *(150 g c/u)* o en milanesas
- sal y pimienta al gusto

PARA LA SALSA

- 1 taza de queso Oaxaca
- 5 chiles poblanos *(asados, desvenados y limpios)*
- 1 taza de crema para batir
- ¼ taza de caldo de verduras
- 190 g de queso crema
- 1 pizca de sal

PARA DECORAR

- elotito para decorar al gusto

1. Calienta una sartén con el aceite y cocina el ajo y la cebolla. Agrega la zanahoria, el brócoli, la calabaza y los champiñones. Cocina por 10 minutos, o hasta que los líquidos se reduzcan. Sazona con sal y pimienta.

2. Extiende las pechugas sobre una tabla y rellena con la preparación anterior; enrolla, cierra con palillos y sazona. Coloca los rollos en una sartén con aceite caliente y cocina hasta que queden dorados. Reserva.

3. Para la salsa, licúa el queso Oaxaca con el chile poblano, la crema para batir, el caldo de verduras, el queso crema y un poco de sal.

4. En una ollita, cocina la salsa durante 10 minutos.

5. Sirve la pechuga, agrega salsa suficiente y decora con elotitos.

TACOS AHOGADOS DE POLLO CON SALSA ROJA

TIEMPO: 35 MIN **DIFICULTAD: MEDIA** **PORCIONES: 4**

PARA LA SALSA

6	jitomates
3	chiles serranos
½	cebolla
2	dientes de ajo
½	taza de caldo de pollo
2	cdas. de aceite
1	cdita. de sal
½	cdita. de pimienta

PARA LOS TACOS

12	tortillas de maíz
1	pechuga de pollo *(cocida y deshebrada)*
1 ½	tazas de aceite vegetal

PARA DECORAR

½	taza de lechuga picada
½	taza de crema ácida
½	taza de salsa roja
½	taza de queso fresco

1. En un comal, asa los jitomates, los chiles, la cebolla y el ajo. Licúa por 3 minutos con un poco de caldo de pollo.

2. En una ollita a fuego alto, calienta el aceite y fríe la salsa. Agrega más caldo y deja cocinar por 5 minutos. Sazona con sal y pimienta y reserva.

3. Arma los tacos rellenando las tortillas con el pollo y asegúralos con un palillo.

4. En una sartén profunda, calienta el aceite y fríe los tacos hasta que queden dorados. Escúrrelos sobre papel absorbente.

5. Sirve y decora con lechuga, crema, salsa y queso.

ENTOMATADAS DE POLLO CON QUESO CREMA

TIEMPO: 40 MIN DIFICULTAD: MEDIA PORCIONES: 4

PARA LA SALSA

- 5 jitomates
- 1 taza de caldo de pollo
- 3 dientes de ajo
- ¼ cebolla
- 2 granos de pimienta gorda entera
- 3 cdas. de aceite
- 2 hojas de laurel
- 1 cdita. de sal

PARA LAS ENTOMATADAS

- 1 taza de aceite para freír
- 12 tortillas de maíz
- 1 pechuga de pollo *(cocida y deshebrada)*

PARA DECORAR

- ½ taza de crema ácida
- ½ taza de queso fresco
- aguacate al gusto

1. Para la salsa, licúa el jitomate con el caldo de pollo, el ajo, la cebolla y la pimienta gorda.

2. En una cacerola a fuego medio, calienta el aceite y vierte la salsa; sazona con hojas de laurel y sal. Deja cocinar hasta que tengas una salsa espesa.

3. En una sartén a fuego medio, calienta el aceite y fríe las tortillas ligeramente. Escurre sobre papel absorbente.

4. Arma las entomatadas colocando un poco de pollo sobre las tortillas y doblando a la mitad.

5. Baña con la salsa, sirve con crema, queso y aguacate.

PASTEL AZTECA CON POLLO

TIEMPO: 40 MIN **DIFICULTAD:** MEDIA **PORCIONES:** 6

INGREDIENTES

- 4 jitomates
- 1 diente de ajo
- sal al gusto
- pimienta al gusto
- 6 chiles poblanos *(asados y desvenados)*
- 1 cebolla *(picada o en rodajas)*
- 1 lata de elote grande *(o 3 elotes desgranados)*
- 2 pechugas de pollo *(cocidas y deshebradas)*
- 16 tortillas de maíz
- suficiente aceite
- ½ L de crema
- 300 g de queso manchego *(rallado)*

1. Precalienta el horno a 180 °C.
2. Licúa los jitomates con el ajo, sazona con sal y pimienta al gusto y reserva.
3. Corta los chiles en rajas y fríe junto con la cebolla. Agrega la salsa anterior, los granos de elote y el pollo y cocina por 10 minutos más.
4. Fríe las tortillas en aceite, pasando por ambos lados sin dejar que se doren. Coloca sobre papel absorbente para quitar el exceso de grasa.
5. En un refractario coloca una capa de tortillas, otra del guisado, luego pon la crema, el queso y así sucesivamente hasta terminar; agrega una capa final de crema y queso, cubre con papel aluminio y mete al horno de 15 a 20 minutos. Sirve.

TINGA DE POLLO

TIEMPO: 1 HR   DIFICULTAD: MEDIA   PORCIONES: 4

PARA LA TINGA

	suficiente agua
2	pechugas de pollo
¼	cebolla
1	cabeza de ajo
	suficiente cilantro
2	cdas. de aceite vegetal
2	cebollas *(fileteadas)*
	suficiente sal y pimienta

PARA EL CALDILLO

6	jitomates
⅓	cebolla
2	dientes de ajo
220	g de chile chipotle
1	taza de caldo de pollo
	suficiente sal y pimienta

PARA ACOMPAÑAR

tostadas al gusto

frijoles al gusto

1. En una olla, hierve el agua y cocina el pollo con la cebolla, el ajo, el cilantro y un poco de sal, alrededor de 50 minutos, o hasta que esté cocido. Reserva el caldo y desmenuza el pollo.

2. Para el caldillo, licúa los jitomates con la cebolla, el ajo, el chile chipotle, una taza de caldo de pollo, sal y pimienta hasta obtener una mezcla tersa.

3. En una sartén profunda, cocina la cebolla fileteada con el aceite hasta que esté transparente. Agrega el caldillo, deja que suelte el hervor y cocina alrededor de 20 minutos. Añade el pollo, sazona con sal y pimienta y cocina por 10 minutos más.

4. Sirve y acompaña con tostadas y frijoles.

ENCHILADAS DE POLLO CON CHILE POBLANO

TIEMPO: 1 HR **DIFICULTAD:** MEDIA **PORCIONES:** 4

PARA LA SALSA

- 5 chiles poblanos *(asados y desvenados)*
- 95 g de queso crema
- 1 taza de crema ácida
- suficiente cilantro
- consomé de pollo al gusto

PARA LAS ENCHILADAS

- aceite vegetal al gusto
- 20 tortillas de maíz
- 1 pollo *(cocido y deshebrado)*
- queso manchego *(rallado)*

PARA DECORAR

- perejil al gusto

1. Licúa los chiles, el queso crema, la crema ácida, el cilantro y el consomé de pollo hasta obtener una salsa tersa y uniforme.

2. Fríe ligeramente las tortillas en un poco de aceite. Forma las enchiladas rellenando las tortillas con el pollo deshebrado.

3. En un refractario coloca las enchiladas y báñalas con la salsa.

4. Espolvorea el queso rallado y hornea por 5 minutos para que se gratine.

5. Decora con perejil y sirve.

¿SABÍAS QUE?

El **chile poblano** contiene capsaicina, la cual no solamente determina su picor, sino que también es un antioxidante. De hecho, en algunas regiones del país lo consideran un analgésico natural.

MIXIOTE DE POLLO CON NOPALES

TIEMPO: 2 HRS   **DIFICULTAD:** MEDIA   **PORCIONES:** 4

INGREDIENTES

- 1 cda. de aceite
- 2 tomates
- ¼ cebolla
- 2 dientes de ajo
- 6 chiles guajillos *(desvenados)*
- 2 chiles anchos *(desvenados)*
- 1 cdita. de orégano
- 2 granos de pimienta
- 2 piezas de clavo
- 2 hojas de laurel
- ½ cdita. de comino
- ½ taza de jugo de naranja
- 4 muslos de pollo
- 4 piernas de pollo
- 2 nopales *(en tiritas)*
- suficientes hojas de aguacate
- sal al gusto

1. Calienta el aceite en una sartén a fuego medio y cocina los tomates, la cebolla y el ajo.

2. Agrega los chiles y cocina unos minutos a fuego bajo, cuidando que no se quemen.

3. Añade las especias, vierte el jugo de naranja y cocina por 2 minutos para que se ablanden los chiles, sazona con sal. Enfría ligeramente.

4. Licúa la preparación anterior hasta obtener una salsa espesa.

5. En un bowl, agrega las piezas de pollo, vierte la salsa y mezcla.

6. Sobre una hoja de papel aluminio coloca una hoja de aguacate, la pieza de pollo, agrega nopales y cierra.

7. Coloca los mixiotes sobre la rejilla de una vaporera y cocina por 90 minutos. Sirve.

POLLO CON SALSA DE CHAMPIÑONES Y TOCINO

TIEMPO: 55 MIN   **DIFICULTAD:** BAJA   **PORCIONES:** 4

INGREDIENTES

- ¼ taza de tocino *(picado)*
- 4 pechugas de pollo *(sin hueso ni piel)*
- 1 cdita. de sal
- 2 tazas de champiñones blancos
- ¼ taza de vino blanco
- 1 taza de crema para batir
- perejil al gusto

1. En una sartén a fuego medio, cocina el tocino hasta que esté doradito. Reserva y retira el exceso de grasa. Ahí mismo sella las pechugas a fuego alto por ambos lados y sazona con sal. Retira.

2. En el mismo sartén, cocina los champiñones hasta que estén tiernitos. Añade el vino blanco y cocina unos minutos.

3. Regresa las pechugas a la sartén e incorpora la crema para batir y el tocino. Cocina por 5 minutos a fuego bajo hasta que espese. Sirve.

¿SABÍAS QUE?

Los **champiñones** tienen una gran cantidad de selenio, un excelente antioxidante, por lo que es buena idea incluir hasta los tallos.

ENCHILADAS SUIZAS PICOSITAS

TIEMPO: 45 MIN   DIFICULTAD: MEDIA   PORCIONES: 4

PARA LA SALSA

- 1 kg de tomates verdes *(lavados, desinfectados y secos)*
- 5 chiles serranos
- ¼ cebolla
- 1 diente de ajo
- 1 ramita de cilantro *(fresco lavado, desinfectado y seco)*
- 1 taza de crema ácida
- ¼ taza de caldo de pollo
- 1 cda. de aceite
- 1 pizca de sal
- 1 pizca de pimienta

PARA LAS ENCHILADAS

- 2 cdas. de aceite
- 8 tortillas de maíz
- 2 pechugas de pollo *(cocidas y deshebradas)*

PARA DECORAR

- queso manchego al gusto *(rallado)*
- crema ácida al gusto
- aguacate al gusto
- cilantro al gusto

1. Precalienta el horno a 200 °C.
2. Para la salsa, hierve los tomates y los chiles hasta que los tomates estén cocidos.
3. Licúa los tomates y los chiles con la cebolla, el ajo, el cilantro, la crema y el caldo de pollo.
4. En una olla mediana, calienta una cucharada de aceite y fríe la salsa por 5 minutos a fuego bajo. Sazona con sal y pimienta y reserva.
5. En una sartén, calienta el aceite durante 1 minuto, pasa las tortillas por ambos lados para suavizar.
6. Rellena las tortillas con el pollo. Acomoda en un refractario y baña con la salsa y el queso.
7. Gratina en el horno durante 5 minutos. Sirve con queso rallado, crema, aguacate y cilantro.

BARBACOA DE POLLO EN OLLA DE PRESIÓN

TIEMPO: 90 MIN DIFICULTAD: MEDIA PORCIONES: 4

PARA LA SALSA

- 6 chiles anchos *(tostados y remojados en agua con sal, reservar el agua)*
- 4 dientes de ajo *(asados)*
- 1 cdita. de comino entero *(asado)*
- 1 pizca de clavo entero *(asado)*
- 1 pizca de sal de grano

PARA LA BARBACOA

- 1 taza de champiñones *(fileteados)*
- 1 taza de setas *(fileteadas)*
- 8 piernas y/o muslos de pollo
- ¼ taza de epazote
- 2 hojas de aguacate
- 3 hojas de laurel
- 10 hojas de plátano *(asadas)*

PARA ACOMPAÑAR

- 2 tazas de ensalada de nopales
- tortillas de maíz

1. Para la salsa, licúa los chiles con el ajo, el comino, el clavo y la sal con un poco de agua del remojo de los chiles. Es importante que quede espesa.

2. En un bowl, mezcla los hongos con el pollo y la salsa; agrega hojas de epazote, hojas de aguacate y hojas de laurel. Marina en refrigeración alrededor de 30 minutos.

3. En la olla de presión, coloca una rejilla, vierte agua y agrega las hojas de plátano para la base. Coloca el pollo y cubre con hoja de plátano. Cocina durante 30 minutos. Sirve con ensalada de nopales y tortillas.

MUSLOS DE POLLO AL LIMÓN

TIEMPO: 1 HR 15 MIN   **DIFICULTAD:** BAJA   **PORCIONES:** 4

PARA EL POLLO

- 8 muslos de pollo
- 1 cda. de ajo *(finamente picado)*
- 1 cda. de jengibre fresco *(finamente picado)*
- ¼ taza de miel de abeja
- ¼ taza de jugo de limón
- 1 cda. de tomillo fresco
- 1 cda. de orégano fresco
- sal y pimienta al gusto
- 2 cdas. de mantequilla
- ¼ taza de vino blanco
- ½ taza de caldo de pollo
- 1 cda. de romero fresco
- 1 naranja *(en medias lunas)*

PARA DECORAR

- suficiente cebollín *(finamente picado)*
- suficiente limón en rodajas

1. En un tazón, mezcla los muslos de pollo con el ajo, el jengibre, la miel, el jugo de limón, el tomillo, el orégano y sazona al gusto con sal y pimienta. Marina por 30 minutos en refrigeración.

2. En una sartén a fuego medio, derrite la mantequilla y sella los muslos por todos lados, hasta que queden dorados. Agrega el vino blanco y deja que se evapore; vierte el caldo de pollo, el romero, la naranja y tapa. Cocina hasta que el pollo esté cocido.

3. Sirve, decora con cebollín y rodajas de limón.

SÍ SE ARMÓ LA CARNITA ASADA

Desde tiempos inmemorables, la carne ha sido la base del alimento del ser humano. De cerdo, de res y hasta de borrego, hay mil maneras de prepararla y siempre destacará por su sabor y textura. Birria de res, carnitas, costillas BBQ, rollo de carne relleno de jamón y queso, tostadas de salpicón, picadillo y trompo al pastor son algunas de las recetas que te presentamos para prepararlas paso a paso y de manera simplificada, con una gran explosión de sabor, así podrás cocinar platillos siempre únicos y especiales.

- 80 Lomo de cerdo con salsa cremosa de chipotle
- 82 Trompo al pastor
- 84 Picadillo a la mexicana casero
- 86 Tostadas de salpicón
- 88 Rollo de carne relleno de jamón y queso
- 90 Costillas BBQ sin horno
- 92 Chuletas a la hawaiana
- 94 Carnitas caseras en olla de presión
- 96 Birria de res casera
- 98 Cochinita pibil en horno
- 100 Albóndigas al chipotle rellenas de queso

LOMO DE CERDO CON SALSA CREMOSA DE CHIPOTLE

TIEMPO: 1 HR 5 MIN **DIFICULTAD:** ALTA **PORCIONES:** 6

PARA EL LOMO

- ¼ taza de chile en polvo
- ½ taza de aceite
- 2 cdas. de ajo *(finamente picado)*
- 1 cda. de tomillo
- 1 kg de lomo de cerdo
- sal y pimienta al gusto

PARA LA SALSA DE CHIPOTLE

- 1 taza de crema para batir
- ½ taza de leche
- 1 taza de queso crema
- 5 chiles chipotle *(hidratados y sin semillas)*
- ½ taza de chile chipotle adobado
- 1 diente de ajo
- ⅛ cebolla
- suficiente sal
- suficiente pimienta
- ½ cda. de orégano
- 1 cdita. de nuez moscada

PARA DECORAR Y ACOMPAÑAR

- perejil al gusto
- puré de papa al gusto

1. Precalienta el horno a 180 °C.
2. En un bowl, mezcla el polvo de chiles con el aceite, el ajo y el tomillo.
3. Sobre una tabla brida el lomo, colócalo en un recipiente para horno, sazona con sal y pimienta y cubre con la mezcla de chiles. Hornea por 40 minutos, o hasta que esté cocido.
4. Para la salsa de chipotle, licúa la crema para batir con la leche, el queso crema, el chipotle seco y adobado, el ajo, la cebolla, la sal, la pimienta, el orégano y la nuez moscada hasta obtener una salsa tersa.
5. En una ollita, cocina la salsa por 10 minutos, o hasta espesar. Reserva.
6. Sobre una tabla, corta el lomo en rebanadas.
7. Sirve el lomo en un plato con la salsa y decora con perejil, acompaña con puré de papa.

TROMPO AL PASTOR

TIEMPO: 1 HR 30 MIN   DIFICULTAD: ALTA   PORCIONES: 4

PARA MARINAR LA CARNE

- 1 kg de bistec de cabeza de lomo de cerdo *(cortados a la mitad)*
- 5 chiles guajillos secos *(desvenados, limpios y en polvo)*
- ½ taza de pasta de achiote
- ¼ taza de vinagre
- 3 cdas. de jugo de piña
- 1 cdita. de ajo en polvo
- 1 pizca de pimienta gorda
- 1 pizca de orégano seco
- 3 pizcas de sal

PARA EL TROMPO

- 1 paquete de tocino ahumado *(200 g)*
- 1 piña *(pelada y descorazonada)*

PARA ACOMPAÑAR

- tortillas de maíz
- salsas al gusto

1. Precalienta el horno a 190 °C.

2. Mezcla todos los ingredientes de la marinada. Marina la carne por 20 minutos.

3. En una charola para horno, coloca los bisteces uno sobre otro para simular el trompo. Entre capas coloca de 3 a 4 tiras de tocino, según el tamaño. Repite hasta terminar con toda la carne.

4. Inserta un palo de madera grueso en el centro para sostener la carne y en la parte superior coloca un pedazo grande de piña. Reserva.

5. Corta en rebanadas delgadas el resto de la piña. Reserva.

6. Hornea el trompo de carne y voltea constantemente para que la cocción sea pareja. Una vez que esté cocida, retira y deja reposar unos minutos.

7. Sirve y acompaña con tortillas de maíz, salsas y piña.

PICADILLO A LA MEXICANA CASERO

TIEMPO: 55 MIN DIFICULTAD: MEDIA PORCIONES: 4

PARA LA SALSA

6	jitomates en cuartos
1	diente de ajo
¼	cebolla

PARA EL PICADILLO

3	cdas. de aceite
½	cebolla *(finamente picada)*
600	g de carne molida de res
¼	taza de puré de tomate
3	papas *(peladas y en cubos)*
2	chiles serranos *(picados finamente)*
2	zanahorias *(peladas y en cubos)*
½	taza de chícharo
½	cdita. de orégano
½	cdita. de comino molido
1	hoja de laurel
1	cdita. de sal
½	cdita. de pimienta

PARA ACOMPAÑAR

arroz al gusto
frijoles al gusto
tortillas al gusto

1. Licúa los jitomates, el ajo y la cebolla. Reserva.

2. En una sartén a fuego alto, calienta el aceite y cocina la cebolla, luego agrega la carne y cocina por 7 minutos, o hasta que cambie de color. Añade el puré de tomate y cocina por 2 minutos más.

3. Añade las verduras y cocina por 2 minutos. Agrega la salsa y las especias, deja que suelte el hervor y cocina a fuego bajo por 20 minutos, o hasta que se haya reducido el líquido. Sazona con sal y pimienta.

4. Sirve con arroz, tortillas y frijoles.

TOSTADAS DE SALPICÓN

TIEMPO: 1 HR 50 MIN　　**DIFICULTAD:** MEDIA　　**PORCIONES:** 8

PARA COCER LA CARNE

- 1 kg de falda de res
- ½ cebolla
- 4 dientes de ajo
- 3 hojas de laurel

PARA PREPARAR EL SALPICÓN

- 3 jitomates *(en cuadritos y sin semillas)*
- ½ cebolla morada *(cortada finamente)*
- 6 rábanos *(en cuadritos)*
- 3 chiles serranos *(sin semillas, finamente picados)*
- 3 cdas. de cilantro
- ¼ lechuga orejona *(cortada en tiritas)*
- ¼ taza de jugo de limón
- 3 cdas. de vinagre blanco
- 1 pizca de orégano
- 1 pizca de sal

PARA ACOMPAÑAR

- tostadas al gusto
- aguacate al gusto
- orégano al gusto

1. Calienta en una olla de presión agua a fuego medio, cocina la carne de res, la cebolla, el ajo y las hojas de laurel por aproximadamente 1 hora. Enfría.
2. Con ayuda de unos tenedores deshebra la carne.
3. En un bowl, mezcla la carne, el jitomate, la cebolla morada, los rábanos, el chile serrano, el cilantro y la lechuga orejona.
4. Sazona con jugo de limón, vinagre blanco, orégano y sal al gusto.
5. Sirve sobre tostadas y acompaña con aguacate y orégano.

ROLLO DE CARNE RELLENO DE JAMÓN Y QUESO

TIEMPO: 1 HR 25 MIN   DIFICULTAD: ALTA   PORCIONES: 12

INGREDIENTES

- 1 ½ kg de carne de res molida
- 2 huevos
- ¼ taza de pan molido
- 1 cda. de sal
- ½ cda. de pimienta
- 1 cda. de paprika
- 1 cda. de mostaza
- 20 rebanadas de queso gouda
- 10 rebanadas de jamón de pavo
- 1 taza de espinaca fresca
- 20 rebanadas de tocino

1. Precalienta el horno a 200 °C.

2. En un bowl, mezcla la carne con el huevo, el pan molido, y las especias. Incorpora bien todos los ingredientes.

3. En una charola con papel aluminio, extiende la carne hasta ocupar toda la superficie y coloca una capa de queso, las rebanadas de jamón y la espinaca. Con ayuda del papel aluminio cierra el rollo y compacta bien para darle forma.

4. En otra charola con papel aluminio coloca las tiras de tocino, una sobre otra, hasta que cubran toda la superficie. Coloca la preparación anterior y enrolla con el tocino. Envuelve con papel aluminio para comprimir bien.

5. Hornea durante 30 minutos y retira del horno. Quita el papel aluminio y vuelve a hornear durante 10 minutos. Deja reposar 10 minutos antes de cortar. Sirve.

COSTILLAS BBQ SIN HORNO

TIEMPO: 2 HRS 40 MIN   DIFICULTAD: MEDIA   PORCIONES: 6

PARA MARINAR LA CARNE

- 1 cda. de ajo en polvo
- 1 cda. de cebolla en polvo
- 1 cda. de azúcar mascabado
- 1 cda. de paprika
- 1 cda. de pimienta cayena
- 1 cda. de chile morita seco en polvo
- 1 cda. de sal
- 1 cda. de pimienta
- ¼ taza de aceite de oliva
- 1 costilla de cerdo *(1-2 kg)*

PARA LA SALSA BBQ

- 2 cdas. de mantequilla
- 1 taza de salsa de tomate
- ½ taza de salsa cátsup
- ¼ taza de salsa worcestershire
- ½ taza de cerveza oscura
- ½ taza de azúcar mascabado
- 1 cda. de ajo en polvo
- 1 cda. de cebolla en polvo
- 1 chile chipotle
- 1 cda. de pimienta cayena
- 1 taza de almíbar de piña
- ½ taza de vinagre de manzana
- ¼ taza de chile chipotle adobado
- 2 cdas. de salsa Tabasco®
- ¼ taza de miel de abeja
- sal y pimienta al gusto

PARA COCINAR LAS COSTILLAS

- aceite vegetal
- 3 tazas de cerveza oscura

1. Para la marinada, en un bowl, mezcla todos los ingredientes con el aceite de oliva hasta que obtengas una consistencia espesa y untable. Marina la costilla con la preparación anterior y refrigera durante 1 hora.

2. Para la salsa BBQ, calienta en una ollita a fuego medio la mantequilla. Uno a uno, agrega todos los ingredientes de la salsa BBQ y cocina hasta que espese. Sazona con sal y pimienta al gusto. Reserva.

3. Calienta una sartén profunda a fuego alto, sella las costillas hasta que no quede ninguna superficie cruda. Baña las costillas con la salsa BBQ hasta que queden totalmente cubiertas, rellena el refractario con la cerveza oscura, cubre con papel aluminio y cocina durante 2 horas, o hasta que estén suaves, bañando constantemente con los jugos.

4. Una vez que las costillas estén cocidas, retira de cocción, corta y baña con más salsa BBQ. Sirve y disfruta.

CHULETAS A LA HAWAIANA

TIEMPO: 50 MIN   DIFICULTAD: BAJA   PORCIONES: 4

INGREDIENTES

- 2 cdas. de aceite
- 8 chuletas de cerdo ahumadas
- ¼ taza de cebolla *(finamente picada)*
- 1 cda. de ajo *(finamente picado)*
- 1 taza de almíbar de piña
- 2 cdas. de salsa inglesa
- 1 cda. de mostaza
- 1 cda. de salsa cátsup
- ¼ taza de chile chipotle molido
- 1 cdita. de comino
- 16 rebanadas de jamón de cerdo
- 8 rebanadas de piña en almíbar
- sal y pimienta al gusto

1. En una sartén, sella las chuletas con aceite hasta que tengan un color dorado. Retira.

2. En el mismo sartén, cocina la cebolla y el ajo por un par de minutos. Agrega el almíbar de la piña, la salsa inglesa, la mostaza, la salsa cátsup, el chipotle, el comino y cocina por 5 minutos, o hasta que espese por completo.

3. Regresa las chuletas a la sartén y encima de cada una coloca jamón. Cubre con las rebanadas de piña y baña con suficiente salsa y de forma constante para glasearlas. Cocina por 3 minutos más. Sirve.

¿SABÍAS QUE?

La piña está considera como un "medicalimento" por su riqueza en vitaminas, minerales, fibra y enzimas, las cuales son buenas para el sistema digestivo. Además, sus altos niveles en vitamina C ayudan a fortalecer las defensas.

CARNITAS CASERAS EN OLLA DE PRESIÓN

TIEMPO: 1 HR 15 MIN   DIFICULTAD: MEDIA   PORCIONES: 10

PARA PREPARAR LA CARNE

1 ½	kg de manteca de cerdo
1	kg de costilla de cerdo
1	kg de carne de cerdo maciza
	jugo de media naranja
1	naranja cortada por la mitad
1	taza de leche evaporada
¼	taza de sal
1	manojo de hierbas de olor
1	cda. de pimienta gruesa
4	dientes de ajo
½	cebolla

PARA ACOMPAÑAR

tortillas de maíz

cilantro al gusto
(finamente picado)

cebolla al gusto
(finamente picada)

limones al gusto
(cortados a la mitad)

salsa verde cruda al gusto

1. En una olla de presión, coloca la manteca y calienta hasta que se funda por completo. Agrega la costilla y la maciza de cerdo.

2. Agrega el jugo de naranja, la naranja, la leche evaporada, la sal, las hierbas de olor, la pimienta, el ajo y la cebolla.

3. Cierra la olla y cocina durante 1 hora, o hasta que esté perfectamente cocida la carne.

4. Prepara taquitos de carnitas, acompaña con cilantro, cebolla, salsa verde y limón.

BIRRIA DE RES CASERA

TIEMPO: 5 HRS 30 MIN · DIFICULTAD: ALTA · PORCIONES: 8

PARA MARINAR LA CARNE

- 6 chiles anchos *(desvenados, limpios y remojados)*
- 4 chiles guajillos *(desvenados, limpios y remojados)*
- 4 chiles cascabel *(desvenados, limpios y remojados)*
- ½ cebolla blanca *(en trozos)*
- 1 taza de vinagre blanco
- 5 dientes de ajo *(en trozos)*
- 1 raja de canela *(asada)*
- ½ cda. de comino *(asado)*
- ½ cda. de pimienta negra *(asada)*
- 2 cditas. de orégano *(asado)*
- 2 piezas de clavo de olor *(asado)*
- sal de grano
- 2 kg de carne de res *(con hueso y grasita, cortados en trozos)*

PARA EL CALDO

- 2 tazas de caldillo de jitomate

PARA ACOMPAÑAR

- cebolla al gusto *(finamente picada)*
- cilantro al gusto *(finamente picado)*
- tortillas de maíz al gusto

1. Precalienta el horno a 200 °C.
2. Para el adobo de la marinada, licúa todos los ingredientes hasta obtener una salsa homogénea.
3. Durante 4 horas, marina la carne de res con la mezcla anterior. Reserva en refrigeración.
4. En una olla de presión, cocina sólo la carne durante 40 minutos, o hasta que esté suave. Reserva la marinada.
5. Retira la carne de cocción y colócala en el recipiente de la marinada que reservaste. Mezcla muy bien y hornea por 30 minutos, o hasta que se dore. Voltea de vez en cuando durante la cocción, para integrar los jugos y lograr un buen dorado.
6. Retira la carne del recipiente y reserva. Al mismo recipiente de la cocción, agrega el caldillo de jitomate y mezcla con los jugos que quedaron. Regresa al horno por 20 minutos para darle cocción al caldillo.
7. Sirve la carne en un plato hondo con el caldo, acompaña con cilantro, cebolla y tortillas de maíz.

COCHINITA PIBIL EN HORNO

TIEMPO: 45 MIN **DIFICULTAD: MEDIA** **PORCIONES: 4**

INGREDIENTES

- ½ taza de agua
- 1 taza de jugo de naranja agria
- 3 cdas. de vinagre de manzana
- 100 g de achiote
- ¼ cebolla blanca
- 1 diente de ajo
- 3 granos de pimienta negra *(entera)*
- 1 cdita. de orégano
- ½ cdita. de comino
- 20 g de sal
- 1 ½ kg de carne de cerdo *(en trozo)*
- 1 hoja de plátano *(asada al comal)*

1. Precalienta el horno a 190 °C.
2. Licúa el agua con el jugo de naranja, el vinagre, el achiote, la cebolla, el ajo, la pimienta, el orégano, el comino y la sal.
3. Marina la carne de cerdo por 30 minutos con la preparación anterior y mezcla perfectamente.
4. Cubre con las hojas de plátano y hornea por 30 minutos a 190 °C.
5. Retira las hojas y cuando sirvas, cubre con salsa.

¿SABÍAS QUE?

En algunas regiones de la República Mexicana, **el achiote** ha sido utilizado como tratamiento en quemaduras, heridas o irritación en la piel. Además, en la cultura Maya se utilizaba como diurético en el campo de la medicina.

ALBÓNDIGAS AL CHIPOTLE RELLENAS DE QUESO

TIEMPO: 1 HR   DIFICULTAD: MEDIA   PORCIONES: 5

PARA LAS ALBÓNDIGAS

- 100 g de chicharrón de cerdo delgado
- ½ kg de carne de res molida
- 2 huevos
- ⅓ taza de cebolla blanca *(finamente picada)*
- 2 cdas. de ajo *(finamente picado)*
- 3 cdas. de cilantro *(finamente picado)*
- 1 cda. de sal
- 1 cda. de pimienta
- 1 taza de queso asadero *(en cubos)*

PARA EL CALDILLO

- 1 cda. de aceite vegetal
- 4 dientes de ajo
- 1 cebolla *(en trozos)*
- 8 jitomates guaje *(en cuartos)*
- 3 chiles chipotle secos *(sin semillas)*
- 1 cdita. de pimienta gorda
- 1 pizca de orégano
- ⅛ manojo de cilantro *(con todo y raíz)*
- ¼ taza de caldo de res o pollo
- 1 pizca de sal
- 1 cda. de aceite vegetal

PARA DECORAR

- cilantro al gusto *(picado)*

1. Para las albóndigas, martaja el chicharrón de cerdo con ayuda de un mortero. En un bowl, mezcla el chicharrón martajado con la carne, el huevo, la cebolla, el ajo y el cilantro. Sazona con sal y pimienta.

2. Con tus manos, forma bolitas y rellena con los cubitos de queso asadero. Reserva.

3. Para el caldillo, calienta a fuego medio una sartén profunda con el aceite y fríe el ajo, la cebolla, el jitomate guaje, el chile chipotle; añade la pimienta, el orégano, el cilantro y vierte el caldo de res. Cocina durante 10 minutos hasta que reduzca a la mitad. Retira y enfría.

4. Licúa la preparación anterior y sazona con sal.

5. Calienta una ollita a fuego medio con aceite y fríe la salsa, añade las albóndigas y cocina hasta que estén bien cocidas.

6. Sirve en un plato hondo y decora con cilantro finamente picado.

BAJO EL MAR

Del mar a tu paladar, los pescados y camarones son un manjar digno de los dioses. Estas recetas llevarán frescura y sabor a tu mesa. Coctel de camarones, croquetas de atún con queso, tacos de pescado capeado con cerveza, camarones picositos al ajillo, pescado a la veracruzana y otras recetas te transportarán a una tarde soleada a orillas del mar; podrás casi casi sentir la brisa y todo el sabor de estos manjares que te da el océano.

- **104** Coctel de camarones
- **106** Croquetas de atún con queso
- **108** Hamburguesitas de atún con chipotle
- **110** Tacos de pescado capeado con cerveza
- **112** Camarones picositos al ajillo
- **114** Chile relleno de camarón con salsa de chipotle
- **116** Pescado a la veracruzana
- **118** Cremosos camarones endiablados
- **120** Pescado empapelado en salsa de habanero
- **122** Calabacitas rellenas de atún a la mexicana
- **124** Salmón envuelto en tocino con guacamole

COCTEL DE CAMARONES

TIEMPO: 20 MIN   DIFICULTAD: BAJA   PORCIONES: 4

PARA EL COCTEL

- 2 jitomates
- ½ cebolla
- 2 chiles serranos
- ½ manojo de cilantro
- 2 tazas de cátsup
- ½ taza de jugo de tomate con almejas
- 2 cditas. de aceite de oliva
- 3 tazas de camarón *(precocido)*

PARA ACOMPAÑAR

- aguacate al gusto
- galletas saladas al gusto
- limón al gusto

1. Corta finamente el jitomate, la cebolla, el chile serrano y el cilantro.

2. Mezcla la cátsup con el jugo de tomate con almejas. Agrega aceite de oliva e incorpora los vegetales picados. Mezcla hasta integrar y añade los camarones.

3. Vierte en una copa coctelera, decora con aguacate y acompaña con galletas saladas.

¿SABÍAS QUE?

El primer **coctel de camarones** se realizó en un bar en el puerto de Boston, Estados Unidos, en 1941. El dueño buscó darle un toque especial al bloody mary por lo que le agregó como ingrediente principal el camarón. Gracias a su sabor tuvo un gran éxito.

CROQUETAS DE ATÚN CON QUESO

TIEMPO: 35 MIN **DIFICULTAD:** MEDIA **PORCIONES:** 6

PARA EL RELLENO

- 4 papas *(cocidas y peladas)*
- 3 tazas de atún
- 2 cdas. de cebolla *(finamente picada)*
- 2 huevos
- 4 cdas. de fécula de maíz
- 2 cdas. de perejil *(finamente picado)*
- sal y pimienta al gusto
- 190 g de queso crema frío *(cortado en cubitos)*

PARA EMPANIZAR

- 1 taza de harina
- 2 huevos
- 3 tazas de pan molido
- suficiente aceite *(para freír)*

1. En un bowl, aplasta las papas hasta que estén lisas y sin grumos.
2. Agrega el atún, la cebolla, el huevo, la fécula de maíz y el perejil y sazona con sal y pimienta.
3. Forma bolitas con las manos y coloca un pedazo de queso crema al centro. Cierra y forma una croqueta. Repite hasta terminar con la mezcla.
4. Empaniza las croquetas pasando por harina, huevo y pan molido.
5. En una sartén, calienta a fuego medio el aceite y fríe las croquetas hasta que estén doraditas. Escurre sobre papel absorbente y sirve.

TIP KIWILIMÓN

Es importante que el **atún** no tenga exceso de líquido, para evitar complicaciones cuando quieras compactar la preparación. Refrigera las tortitas durante 30 minutos antes de empanizar y freír, de esta forma mantendrán una buena consistencia.

HAMBURGUESITAS DE ATÚN CON CHIPOTLE

TIEMPO: 35 MIN   DIFICULTAD: BAJA   PORCIONES: 6

PARA LAS HAMBURGUESITAS

- 2 tazas de atún
- ½ taza de pan molido
- 4 cdas. de perejil *(finamente picado)*
- 1 diente de ajo *(finamente picado)*
- 2 huevos
- 1 cda. de chile chipotle *(molido)*
- 1 taza de papa *(cocida y cortada en cubitos)*
- 2 pizcas de sal
- 1 cda. de aceite vegetal

PARA LA SALSA

- 1 taza de crema para batir
- ¼ taza de mayonesa
- 2 cdas. de chile chipotle *(molido)*
- 1 pizca de sal

PARA ACOMPAÑAR

- 4 tazas de verduras al vapor

1. En un bowl, mezcla el atún, el pan molido, el perejil, el ajo, el huevo, el chile chipotle, la papa y la sal. Reserva.

2. Calienta el aceite en una sartén a fuego medio, forma las hamburguesitas con ayuda de tus manos y cocina por 5 minutos de cada lado. Escurre sobre papel absorbente.

3. Para la salsa, mezcla la crema, la mayonesa, el chile chipotle y la sal.

4. Sirve las hamburguesas con la salsa y las verduras al vapor.

TACOS DE PESCADO CAPEADO CON CERVEZA

TIEMPO: 15 MIN   **DIFICULTAD:** MEDIA   **PORCIONES:** 10

PARA LOS TACOS

- 1 taza de harina
- 1 huevo
- 1 cdita. de sal
- 1 cdita. de polvo para hornear
- ½ taza de cerveza
- pimienta al gusto
- harina al gusto *(para cubrir los pescados)*
- 10 filetes de pescado sierra
- suficiente aceite *(para freír)*
- 10 tortillas de maíz

PARA ACOMPAÑAR

- 1 taza de lechuga fileteada
- aguacate al gusto
- mayonesa al gusto
- limón al gusto
- salsa picante al gusto

1. En un bowl, agrega la harina, el huevo, la sal, el polvo para hornear, la cerveza, la pimienta y bate hasta mezclar completamente.

2. Pasa los filetes de pescado por harina y sumerge en la mezcla que previamente preparaste.

3. En una sartén, calienta aceite a fuego medio y fríe los filetes durante 3 minutos, o hasta que estén doraditos. Escurre sobre papel absorbente.

4. Coloca los filetes de pescado sobre una tortilla caliente y agrega lechuga, aguacate y mayonesa. Acompaña con salsa y limón.

CAMARONES PICOSITOS AL AJILLO

TIEMPO: 30 MIN   **DIFICULTAD:** MEDIA   **PORCIONES:** 6

INGREDIENTES

- 800 g de camarón mediano
- 4 dientes de ajo
- 3 chiles guajillos
- 3 cdas. de mantequilla o aceite
- 1 limón
- sal y pimienta al gusto
- perejil fresco al gusto *(picado)*

1. Pela los camarones y retira la cabeza, las patas y lo que quede de cáscara. Ábrelos en mariposa por ambos lados y retira las venas. Enjuaga con abundante agua.

2. Corta el ajo en rebanadas semi gruesas y, si prefieres que tenga un sabor menos fuerte, retira el corazón.

3. Con unas tijeras corta el rabo de los chiles, retírales las semillas y córtalos en tiras.

4. Agrega suficiente aceite o mantequilla en una sartén a fuego bajo, pon a sofreír los ajos hasta que queden doraditos.

5. Incorpora el chile y los camarones. Cocina unos minutos hasta que cambien de color, sin sobrecocerlos.

6. Antes de retirar del fuego, exprime un limón y sazona con sal y pimienta al gusto. Sirve.

CHILE RELLENO DE CAMARÓN CON SALSA DE CHIPOTLE

TIEMPO: 45 MIN　DIFICULTAD: MEDIA　PORCIONES: 4

4	chiles poblanos

PARA LA SALSA

3	cdas. de aceite
1	diente de ajo *(con cáscara)*
¼	cebolla
3	jitomates
¼	taza de chile chipotle adobado
1	pizca de sal
1	pizca de orégano
1	pizca de comino
190	g de queso crema
1	taza de crema ácida

PARA EL RELLENO

1	cda. de mantequilla
1	cdas. de cebolla *(finamente picada)*
2	taza de jitomate *(finamente picado)*
½	kg de camarón mediano *(limpio)*
½	pizca de sal
1	taza de queso Oaxaca *(deshebrado)*

PARA DECORAR

	perejil al gusto

1. Calienta un comal a fuego alto y asa los chiles hasta que tomen un color oscuro. Colócalos en una bolsa para que suden; retira la piel, las venas y las semillas. Reserva.

2. Calienta una sartén a fuego medio con aceite y cocina el ajo, la cebolla, el jitomate y el chile chipotle. Cocina durante 10 minutos y sazona con sal, orégano y comino.

3. Licúa la preparación anterior con el queso crema y la crema ácida hasta obtener una salsa tersa. Reserva un poco para servir.

4. Para hacer el relleno, calienta una sartén a fuego medio con la mantequilla y cocina la cebolla, el jitomate y el camarón. Sazona al gusto y vierte la salsa que licuaste con anterioridad. Cocina por 3 minutos más.

5. Rellena los chiles con la preparación anterior y el queso Oaxaca y gratina en el horno a 180 °C por 10 minutos. Sirve con la salsa de chile chipotle que preparaste para la base y decora con perejil.

PESCADO A LA VERACRUZANA

TIEMPO: 20 MIN　DIFICULTAD: BAJA　PORCIONES: 2

INGREDIENTES

- ¼ taza de aceite de oliva
- 4 dientes de ajo *(finamente picados)*
- 1 cebolla blanca *(fileteada)*
- 4 jitomates *(escalfados y finamente picados)*
- ¼ taza de alcaparras
- ½ taza de aceituna verde *(en rodajas)*
- ½ taza de perejil *(finamente picados)*
- 1 taza de chiles güeros *(con un poco de salmuera)*
- 2 hojas de laurel
- 4 filetes de pescado
- 1 pizca de orégano
- sal al gusto

1. Calienta en una sartén a fuego medio el aceite de oliva; cocina el ajo, la cebolla y el jitomate hasta que consigas una salsa espesita.

2. Agrega las alcaparras, las aceitunas y cocina por 3 minutos más para que se incorporen los sabores. Añade el perejil, los chiles güeros, el laurel y cocina durante 5 minutos más.

3. Agrega el pescado a la preparación y cúbrelo con una capa extra de salsa. Espolvorea orégano al gusto y tapa para que se cocine bien. Sirve.

CREMOSOS CAMARONES ENDIABLADOS

TIEMPO: 50 MIN — DIFICULTAD: MEDIA — PORCIONES: 4

INGREDIENTES

- 3 jitomates
- 3 chiles guajillos *(sin semillas)*
- 7 chiles de árbol *(sin semillas)*
- 2 cdas. de chile chipotle
- 1 diente de ajo
- 1 taza de crema ácida
- 1 cda. de aceite
- 2 cdas. de mantequilla
- ¼ cebolla *(finamente picada)*
- 2 cditas. de ajo *(finamente picado)*
- 2 tazas de camarón mediano *(limpio)*
- sal y pimienta al gusto

PARA ACOMPAÑAR

- arroz blanco

1. En una cacerola con agua caliente, cocina durante 20 minutos el jitomate con el chile guajillo y el chile de árbol. Escurre.
2. Licúa lo anterior junto con el chile chipotle, el ajo y la crema ácida.
3. En una cacerola, calienta el aceite y vierte la salsa. Sazona con sal y pimienta. Cocina por 10 minutos.
4. En una sartén a fuego medio, calienta la mantequilla y cocina la cebolla y el ajo. Agrega los camarones y cocina durante 3 minutos, o hasta que cambien de color. Añade la salsa y cocina hasta que quede ligeramente espeso. Sazona al gusto.
5. Sirve y acompaña con arroz blanco.

PESCADO EMPAPELADO EN SALSA DE HABANERO

TIEMPO: 45 MIN   DIFICULTAD: MEDIA   PORCIONES: 3

PARA LA SALSA

- 2 cdas. de aceite
- ¼ cebolla *(en cuartos)*
- 5 jitomates *(en cuartos)*
- 5 tomates verdes *(en mitades)*
- 2 ajos
- 4 chiles habaneros
- ¼ taza de cilantro
- 1 cdita. de sal
- 2 granos de pimienta gorda
- ½ taza de caldo de pollo

PARA EL PESCADO

- suficientes hojas de plátano *(en cuadros)*
- 3 róbalos *(200 g cada uno)*
- ¼ taza de chile güero *(en julianas)*
- ¼ taza de cebolla blanca *(fileteada)*
- ¼ taza de zanahoria *(cortada en tiras)*
- 1 cdita. de sal
- ½ cdita. de pimienta

PARA ACOMPAÑAR

- frijoles al gusto

1. Precalienta el horno a 200 °C.

2. Para hacer la salsa, en una sartén a fuego medio, fríe la cebolla, el jitomate, los tomates, el ajo y el chile habanero hasta que queden suaves. Agrega cilantro, sal, pimienta gorda y cocina por 10 minutos. Añade el caldo de pollo y deja que reduzca. Licúa, cuela y reserva.

3. Calienta un comal a fuego medio y asa las hojas de plátano para que se ablanden. Reserva.

4. Sobre una charola para horno coloca la hoja de plátano, acomoda el pescado en el centro, cubre con la salsa, el chile güero, la cebolla blanca y las zanahorias. Sazona con sal y pimienta y cierra en forma de tamal. Hornea por 15 minutos.

5. Retira del horno, abre la hoja de plátano y sirve con frijoles de la olla. Para acompañar, agrega más salsa de habanero.

CALABACITAS RELLENAS DE ATÚN A LA MEXICANA

TIEMPO: 30 MIN   **DIFICULTAD:** MEDIA   **PORCIONES:** 4

PARA LA SALSA

- 2 cdas. de aceite
- ½ cebolla *(cortada en octavos)*
- 2 dientes de ajo *(cortados por la mitad)*
- 5 jitomates *(cortados en cuartos)*
- 1 chile guajillo *(asado, desvenado y limpio)*
- 1 taza de agua
- 1 pizca de sal y pimienta

PARA EL ATÚN

- 8 calabazas criollas
- 2 cdas. de aceite de oliva
- ½ taza de cebolla blanca *(picada)*
- 2 tazas de jitomate *(cortados en cubos pequeños)*
- 2 tazas de atún en lata *(drenado)*
- ¼ taza de cilantro *(finamente picado)*

PARA SERVIR LAS CALABACITAS

- ½ taza de queso crema
- ½ taza de queso asadero *(rallado)*

1. Precalienta el horno a 180 °C.
2. Para hacer la salsa, calienta una ollita a fuego medio con aceite. Cocina la cebolla y el ajo hasta que estén brillantes, añade los jitomates con el chile y cocina hasta que se deshagan. Agrega el agua, sazona con sal y pimienta al gusto. Licúa hasta obtener un caldillo suave y terso.
3. Coloca las calabazas sobre una tabla y con ayuda de una cuchara, haz un hueco y reserva el relleno.
4. Calienta una sartén a fuego medio con aceite y cocina la cebolla hasta que tome color brillante. Agrega el jitomate, el atún, el cilantro, el relleno de la calabaza y sazona con sal y pimienta al gusto. Reserva.
5. Rellena las calabazas con un poco de queso crema y con el relleno de atún. Cubre con el queso asadero y gratina en el horno durante 15 minutos.
6. Sirve las calabacitas con la salsa.

SALMÓN ENVUELTO EN TOCINO CON GUACAMOLE

TIEMPO: 35 MIN   **DIFICULTAD:** MEDIA   **PORCIONES:** 4

PARA EL GUACAMOLE

- 3 aguacates
- ¼ taza de jugo de limón amarillo
- ¼ taza de chile jalapeño *(finamente picado)*
- ¼ taza de cilantro
- sal y pimienta al gusto

PARA GLASEAR

- 2 cdas. de mantequilla
- 2 cdas. de ajo *(finamente picado)*
- 2 chiles habaneros
- ¼ taza de jugo de naranja
- 2 cdas. de jugo de limón amarillo
- 1 cda. de jengibre *(finamente picado)*
- ¼ taza de miel
- sal y pimienta al gusto

PARA EL SALMÓN

- 4 lonjas de salmón *(de 200 g c/u)*
- 10 rebanadas de tocino
- sal y pimienta al gusto

PARA SERVIR

- limón amarillo al gusto *(en gajos)*
- aguacate al gusto *(en rebanadas)*
- lechuga al gusto

1. Precalienta el horno a 200 °C.
2. En un bowl, martaja los aguacates hasta formar un puré, incorpora el jugo de limón amarillo, el chile jalapeño, el cilantro, la sal y la pimienta. Reserva.
3. Calienta la mantequilla en una ollita a fuego medio y cocina el ajo y los chiles habaneros por unos minutos. Añade el jugo de naranja, el jugo de limón, el jengibre, la miel y sazona con sal y pimienta. Cocina hasta que reduzca. Reserva.
4. Coloca el salmón sobre una tabla y sazona con sal y pimienta. Envuelve con el tocino y hornea durante 10 minutos.
5. Retira del horno, agrega el glaseado y cocina por 5 minutos más.
6. Sirve con guacamole, limón amarillo, aguacate y lechuga.

CON VERDURAS

Quien diga que las verduras son aburridas, no ha probado estas recetas, que no sólo están espectaculares, sino que además están llenas de vitaminas y minerales que le harán bien a tu ser. Aguachile vegano, enchiladas mineras, tortitas de nopales con jamón y queso, tortitas de papa con queso cotija, calabacitas capeadas rellenas, tacos de coliflor al pastor, son algunos de los platillos que te enseñaremos a realizar paso a paso para poder comer verduras como nunca antes lo imaginaste y enseñarle a tu familia que las verduras son un regalo de la naturaleza llevado a la mesa.

- **128** Aguachile vegano
- **130** Rosca de verduras con chamoy casero
- **132** Sopa de la milpa
- **134** Enchiladas mineras estilo Guanajuato
- **136** Tortitas de nopales con jamón y queso panela en salsa verde
- **138** Tortitas de papa con queso cotija caseras
- **140** Tostadas con ensalada de nopales
- **142** Calabacitas capeadas rellenas de jamón y queso
- **144** Pastel de papa con jamón y queso
- **146** Tacos de coliflor al pastor
- **148** Huaraches de nopal con tinga de zanahoria

AGUACHILE VEGANO

TIEMPO: 40 MIN　　DIFICULTAD: BAJA　　PORCIONES: 4

PARA EL AGUACHILE

- 1 taza de pepino *(sin cáscara)*
- 1 tomate verde
- ½ taza de jugo de limón
- 1 chile habanero *(asado)*
- ¼ cebolla blanca
- ¼ taza de cilantro
- 1 cda. de sal
- 1 pizca de pimienta
- 3 tazas de setas *(fileteadas)*
- 1 taza de cebolla morada *(fileteada)*
- 1 pepino cortado *(en medias lunas)*
- 1 cda. de aceite de oliva

PARA LAS TOSTADAS DE AJONJOLÍ

- ½ kg de masa de maíz
- suficiente agua
- ¼ taza de ajonjolí *(tostado)*
- 1 cda. de sal

PARA DECORAR Y ACOMPAÑAR

- chile habanero al gusto (cortado en tiritas)
- pepino al gusto (en listones)
- cilantro fresco al gusto
- limón al gusto

1. Precalienta el horno a 160 °C.

2. Licúa el pepino con el tomate, el jugo de limón, el chile habanero, la cebolla blanca, el cilantro, la sal y la pimienta hasta obtener una mezcla tersa.

3. En un bowl, mezcla las setas con la cebolla, el pepino en medias lunas, añade el aceite de oliva y la mezcla anterior. Marina alrededor de 20 minutos y rectifica el sazón.

4. Para hacer las tostadas, licúa la masa de maíz con el agua, el ajonjolí y la sal, mezcla hasta obtener una consistencia espesa pero conservando la textura líquida.

5. En una charola con papel encerado, extiende una capa fina de la mezcla y hornea durante 15 minutos. Enfría, desprende y trocea.

6. Sirve el aguachile y decora con el chile habanero, el pepino en listones y el cilantro. Acompaña con las tostadas de ajonjolí.

ROSCA DE VERDURAS CON CHAMOY CASERO

TIEMPO: 50 MIN   **DIFICULTAD:** MEDIA   **PORCIONES:** 4

PARA EL CHAMOY

- 3 tazas de agua
- 1 taza de ciruela pasa
- 1 taza de chabacano deshidratado
- 1 taza de flor de Jamaica
- ½ taza de azúcar
- 1 cda. de sal
- ¼ taza de chile en polvo
- 1 naranja
- 3 limones

PARA LA ROSCA DE VERDURAS

- 4 tazas de jícama *(lavada, desinfectada, seca y rallada)*
- 4 tazas de pepino *(lavados, desinfectados, secos y rallados)*
- 4 tazas de zanahoria *(lavada, desinfectada, seca y rallada)*
- 1 taza de mango *(en cubos)*
- ½ taza de gomitas enchiladas
- ½ taza de cacahuates japoneses
- ¼ taza de jugo de limón
- 2 cdas. de chile en polvo

1. Para hacer el chamoy, agrega en una olla el agua, las ciruelas, el chabacano y la flor de Jamaica. Cocina por 10 minutos.

2. Agrega esta mezcla al vaso de una licuadora e incorpora un poco del agua de cocción. Añade azúcar, sal y chile en polvo, licúa hasta obtener la consistencia deseada.

3. Calienta esta mezcla por 3 minutos, agrega el jugo de naranja y limón, y mezcla hasta integrar. Retira del fuego y reserva hasta que enfríe.

4. Para la rosca de verduras, forra un molde para rosca con papel plastificado. Forma tres capas colocando una capa de jícama, una de pepino y una de zanahoria. Refrigera.

5. Desmolda la rosca en el plato, coloca el mango, las gomitas y los cacahuates.

6. Sirve con el jugo de limón, el chamoy y el chile en polvo.

SOPA DE LA MILPA

TIEMPO: 45 MIN   DIFICULTAD: BAJA   PORCIONES: 4

PARA LA SOPA

2	cdas. de aceite
1	cebolla *(fileteada)*
1	cda. de ajo *(finamente picado)*
2	tazas de flor de calabaza *(limpia y sin tallo)*
1	taza de grano de elote
1	taza de calabaza *(cortada en cubos pequeños)*
2	chiles de árbol secos
¼	taza de epazote *(finamente picado)*
4	tazas de caldo de pollo
	sal y pimienta al gusto
1	taza de queso Oaxaca *(deshebrado)*

PARA DECORAR

1	rama de epazote
	flor de calabaza fresca al gusto

1. Calienta una olla con el aceite a fuego medio y cocina la cebolla y el ajo hasta que estén transparentes. Añade la flor de calabaza, el elote, la calabaza, el chile de árbol y el epazote, cocina por 5 minutos.

2. Agrega el caldo de pollo y, una vez que suelte el hervor, tapa y cocina durante 10 minutos. Sazona al gusto.

3. Sirve la sopa con el queso Oaxaca para que se funda con el calor, decora con epazote y flor de calabaza.

ENCHILADAS MINERAS ESTILO GUANAJUATO

TIEMPO: 30 MIN　　DIFICULTAD: MEDIA　　PORCIONES: 4

PARA LA SALSA

- 1 pizca de comino
- 15 chiles guajillos *(despepitados)*
- ½ cdita. de orégano
- 1 diente de ajo
- suficiente manteca de cerdo

PARA LAS ENCHILADAS

- 12 tortillas de maíz
- 400 g de queso ranchero *(desmoronado)*

PARA SERVIR

- 2 tazas de lechuga orejona *(lavada, desinfectada y picada)*
- ½ kg de papas *(peladas, cocidas y picadas en cubos)*
- ½ kg de zanahorias *(peladas, cocidas y picadas en cubos)*
- 100 g de queso ranchero *(desmoronado)*
- chile jalapeño en escabeche al gusto

1. Para la salsa, licúa el comino, los chiles guajillos, el orégano y el ajo con un poco de agua. En una sartén, fríe con un poco de manteca.

2. Pasa las tortillas por la salsa y fríelas en la manteca caliente. Rellena rápidamente y enrolla. En la misma grasa fríe las papas y las zanahorias.

3. Sirve las enchiladas en un platón y cubre con las verduras fritas, la lechuga picada y espolvorea con el queso ranchero. Adorna con las rajitas de chile jalapeño en escabeche.

TORTITAS DE NOPALES CON JAMÓN Y QUESO PANELA EN SALSA VERDE

TIEMPO: 25 MIN **DIFICULTAD:** MEDIA **PORCIONES:** 4

PARA EL CAPEADO

- 3 claras de huevo
- 3 yemas de huevo

PARA LAS TORTITAS

- 1 taza de nopales *(en cubos y cocidos)*
- ¼ taza de cebolla blanca *(finamente picada)*
- 1 taza de queso panela *(cortado en cubos)*
- ½ taza de jamón de pavo *(cortado en cubos)*
- 1 pizca de sal y pimienta
- suficiente aceite para freír

PARA LA SALSA VERDE

- 1 L de agua
- 5 tomates
- 2 dientes de ajo
- ½ cebolla
- 1 chile serrano
- ½ manojo de cilantro
- 2 hojas de epazote fresco
- ½ cdita. de comino molido
- 1 cdita. de sal

PARA SERVIR

- queso panela al gusto *(desmoronado)*

1. Para las tortitas, en un bowl, bate las claras hasta que esponjen a punto de turrón, poco a poco agrega las yemas una a una sin dejar de batir. Incorpora de forma envolvente los nopales, la cebolla, el queso panela y el jamón de pavo. Sazona con sal y pimienta.

2. Calienta una sartén a fuego medio con el aceite y con ayuda de una cuchara, coloca un poco de mezlca para formar una tortita. Cocina hasta dorar por ambos lados y retira de la sartén. Escurre sobre papel absorbente, tapa y reserva.

3. Para la salsa, calienta una ollita a fuego alto con agua para hervir los tomates, el ajo, la cebolla y el chile serrano durante 30 minutos. Cuela los ingredientes y licúa con el cilantro, el epazote, el comino y sazona con sal.

4. Regresa la salsa al fuego y cocina por 5 minutos más, o hasta espesar.

5. Sirve las tortitas en un plato con la salsa y espolvorea con el queso panela desmoronado.

TORTITAS DE PAPA CON QUESO COTIJA CASERAS

TIEMPO: 40 MIN   **DIFICULTAD:** MEDIA   **PORCIONES:** 8

PARA LAS TORTITAS

- suficiente agua
- 2 papas *(sin cáscara)*
- 1 huevo
- 1 taza de queso cotija *(desmoronado)*
- ¼ taza de fécula de maíz
- 1 cdita. de sal
- suficiente aceite

PARA ACOMPAÑAR

- lechuga al gusto
- jitomate al gusto
- aguacate al gusto
- pepino al gusto

1. En una olla a fuego medio, coloca las papas con agua y deja cocinar por 25 minutos, o bien hasta que estén suaves. Escurre.

2. En un bowl, coloca las papas y con ayuda de un machacador aplástalas. Agrega el huevo, el queso cotija, la fécula de maíz y la sal. Mezcla hasta incorporar.

3. Forma las tortitas de papa con tu mano y reserva.

4. En una sartén a fuego medio, calienta el aceite y coloca las tortitas, cocina hasta que estén doraditas. Escurre sobre papel absorbente.

5. Sirve con lechuga, jitomate, aguacate y pepino.

TIP KIWILIMÓN

Aunque la **fécula de maíz** ayuda a reducir la humedad, puedes sustituir por harina y lograr una buena consistencia. Además, si quieres conservar una textura suave, utiliza queso fresco rallado en vez de cotija.

TOSTADAS CON ENSALADA DE NOPALES

TIEMPO: 15 MIN DIFICULTAD: BAJA PORCIONES: 6

INGREDIENTES

- 3 nopales
- 3 jitomates
- ¼ cebolla
- 5 g de cilantro fresco *(un manojo pequeño)*
- 3 chiles serranos
- 2 tazas de agua
- 1 cdita. de bicarbonato de sodio
- ¼ taza de vinagre blanco
- ¼ taza de aceite de oliva
- 2 g de sal

PARA SERVIR

- 6 tostadas
- 100 g de frijoles negros refritos

PARA DECORAR

- 100 g de queso fresco *(desmoronado)*

1. Pica toda la verdura finamente, recuerda quitar las semillas al jitomate y al chile serrano. Reserva.
2. Cuece los nopales con el agua y la cucharadita de bicarbonato por 5 minutos.
3. En un bowl, agrega la verdura picada y los nopales.
4. Agrega el vinagre blanco, el aceite de oliva y sazona con sal.
5. Mezcla bien la preparación.
6. Unta frijoles refritos a las tostadas, pon nopales encima y decora con queso fresco.

¿SABÍAS QUE?

El nopal se considera la planta de la vida porque nunca muere, aun cuando se seca puede dar vida a otra planta ya que sirve como fertilizante y semilla de su especie. Además, se utiliza para hacer papel de nopal y otros productos.

CALABACITAS CAPEADAS RELLENAS DE JAMÓN Y QUESO

TIEMPO: 23 MIN   **DIFICULTAD:** MEDIA   **PORCIONES:** 4

INGREDIENTES

- 3 calabacitas *(cortadas en láminas gruesas)*
- 10 rebanadas de queso panela *(gruesas)*
- 10 rebanadas de jamón
- 1 taza de harina
- 3 claras de huevo
- 1 pizca de sal
- 3 yemas de huevo
- suficiente aceite para freír

1. Retira las puntas de las calabazas y corta en rebanadas gruesas, de medio centímetro de grosor aproximadamente.

2. Sobre una tabla, coloca una rodaja de calabaza, agrega queso y jamón, pasa sobre suficiente harina y reserva.

3. Bate las claras a punto de turrón, agrega la pizca de sal y luego una a una las yemas. Continúa batiendo hasta integrar.

4. Calienta el aceite a fuego medio, pasa las calabazas enharinadas por la mezcla de huevo y fríe de inmediato. Escurre sobre papel absorbente y sirve.

PASTEL DE PAPA CON JAMÓN Y QUESO

TIEMPO: 1 HR 15 MIN   **DIFICULTAD:** MEDIA   **PORCIONES:** 4

INGREDIENTES

- 8 papas blancas
- 2 cdas. de aceite de oliva
- 2 huevos
- 1 taza de crema para batir
- ½ taza de leche
- 1 cdita. de nuez moscada
- 20 rebanadas de jamón
- 2 tazas de queso manchego *(rallado)*
- sal y pimienta al gusto

PARA DECORAR

- perejil al gusto *(picado)*

1. Precalienta el horno a 180 °C.
2. Con ayuda de un cuchillo, corta las papas en rebanadas de 5 mm de grosor. Reserva.
3. Coloca las papas sobre una charola y sazona con sal, pimienta y rocía con aceite de oliva. Hornea por 10 minutos pero voltea las papas constantemente.
4. Bate el huevo con la crema para batir y la leche, sazona con nuez moscada, sal y pimienta. Reserva.
5. Sobre un molde para pastel previamente engrasado, coloca una capa de papas al fondo y en los bordes coloca rebanadas de jamón y queso manchego rallado. Repite el proceso hasta llenar el molde y al final coloca una capa de queso.
6. Vierte la preparación de huevo y coloca una última capa de papas. Hornea alrededor de 40 minutos.
7. Retira el molde y hornea durante 10 minutos, o hasta que las papas estén doradas.
8. Sirve con perejil picado.

TACOS DE COLIFLOR AL PASTOR

TIEMPO: 1 HR 15 MIN **DIFICULTAD:** BAJA **PORCIONES:** 4

PARA LA COLIFLOR

- aceite al gusto
- ¼ cebolla *(en cuartos)*
- 4 chiles guajillos *(desvenados)*
- 2 chiles pasilla *(desvenados)*
- 4 jitomates *(en mitades)*
- 1 diente de ajo
- 1 taza de caldo de verduras
- 2 cdas. de achiote *(10 g)*
- 4 tazas de coliflor *(cocida y en trozos pequeños)*
- sal y pimienta al gusto

PARA LOS TACOS

- 12 tortillas de maíz
- ¼ taza de cebolla *(finamente picada)*
- ¼ taza de cilantro *(finamente picado)*
- ¼ taza de piña parrillada *(finamente picada)*
- salsa verde o roja al gusto
- 2 limones en mitades

1. Para la salsa, en una olla a fuego medio con aceite, fríe la cebolla, los chiles, el jitomate y el ajo hasta que los jitomates comiencen a deshacerse. Agrega el caldo de verduras y deja reducir. Licúa con el achiote hasta obtener la mezcla deseada.

2. En una sartén profunda, saltea la coliflor con un poco de aceite, hasta que quede dorada. Agrega la salsa, cocina durante unos minutos y sazona con sal y pimienta.

3. Sirve la coliflor sobre tortillas calientes y decora con cebolla, cilantro y piña. Agrega salsa y limón.

HUARACHES DE NOPAL CON TINGA DE ZANAHORIA

TIEMPO: 1 HR   DIFICULTAD: BAJA   PORCIONES: 6

PARA LA SALSA

- 3 jitomates
- 1 cda. de chile chipotle molido
- 1 diente de ajo
- ⅛ de cebolla
- ¼ taza de caldo de verduras

PARA LA TINGA

- 2 cdas. de aceite de oliva
- 1 cebolla blanca *(fileteada)*
- 6 zanahorias *(ralladas)*
- sal y pimienta al gusto

PARA LOS HUARACHES

- 2 cdas. de aceite de oliva
- 12 nopales cambray

PARA SERVIR

- 1 taza de frijol refrito
- lechuga al gusto *(fileteada)*
- crema ácida baja en grasa al gusto
- queso fresco al gusto *(desmoronado)*
- aguacate al gusto *(en rebanadas)*

PARA ACOMPAÑAR

- salsa al gusto

1. Para la salsa, licúa los jitomates con el chile chipotle molido, el ajo, la cebolla y el caldo.

2. En una cacerola a fuego medio calienta el aceite de oliva, agrega la cebolla fileteada y cocina por 5 minutos, o hasta que esté transparente. Agrega la zanahoria y cocina por 1 minuto.

3. Vierte la salsa, deja que suelte el hervor y cocina por 15 minutos, o hasta espesar. Sazona con sal y pimienta.

4. Calienta una sartén parrilla a fuego medio con el aceite de oliva y parrilla los nopales por ambos lados hasta que estén cocidos.

5. Unta con frijoles y agrega la tinga de zanahoria, la lechuga, la crema, el queso y el aguacate. Acompaña con salsa.

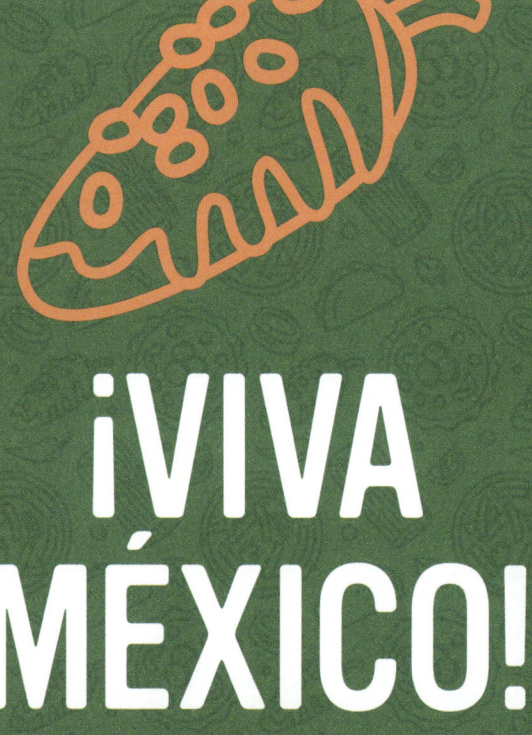

¡VIVA MÉXICO!

No hay nada que represente más a México que su comida que es famosa en el mundo entero. El maíz, base de nuestros platillos, es oro convertido en comida que nos alimenta el cuerpo y el alma y que está presente en la casi todos los platillos que te presentamos: en quesadillas, sopa de tortilla, tamales y pozole. También el chile, como ingrediente típico mexicano, es el que le da sabor a nuestra comida, no importa lo enchilados que estemos, no hay comida mexicana que no lo tenga en una u otra forma: chiles en nogada, mole poblano, chicharrón en salsa roja. Estamos seguros de que estas recetas te van a tocar el corazón.

- **152** Quesadillas de flor de calabaza fritas
- **154** Sopa de tortilla
- **156** Mole de olla
- **158** Pastel de tamal con salsa de frijol
- **160** Chicharrón en salsa roja
- **162** Frijoles charros con chorizo
- **164** Pambazos de papa con chorizo
- **166** Tamales oaxaqueños
- **168** Pozole blanco
- **170** Mole poblano
- **172** Chile en nogada
- **174** Gorditas de nata caseras

QUESADILLAS DE FLOR DE CALABAZA FRITAS

TIEMPO: 45 MIN **DIFICULTAD:** BAJA **PORCIONES:** 6

PARA LAS QUESADILLAS

- 2 tazas de harina de maíz
- ¼ taza de harina de trigo
- ⅛ taza de aceite
- suficiente agua
- ¼ cdita. de sal
- 1 cdita. de polvo para hornear
- 1 taza de aceite vegetal *(para freír)*

PARA EL RELLENO

- 1 cda. de aceite vegetal
- ½ taza de cebolla *(fileteada)*
- 2 dientes de ajo *(finamente picados)*
- 2 tazas de flor de calabaza *(limpia y troceada)*
- ¼ taza de epazote *(finamente picado)*
- 1 pizca de sal
- 1 taza de queso Oaxaca *(deshebrado)*

PARA SERVIR

- 1 taza de lechuga en tiritas
- ¼ taza de crema ácida
- 1 taza de queso fresco
- ¼ taza de salsa verde

1. Para la masa, en un bowl, combina la harina de maíz con la de trigo, el aceite, el agua, la sal y el polvo para hornear. Amasa y agrega más agua si es necesario hasta formar una masa homogénea. Reserva.

2. Calienta una sartén con aceite a fuego medio y agrega la cebolla blanca, el ajo, la flor de calabaza y el epazote; cocina durante 5 minutos y sazona al gusto. Enfría el relleno y reserva.

3. Forma tortillas y rellena con queso Oaxaca y el salteado de flor de calabaza, cierra las tortillas para formar la quesadilla. Repite hasta formar varias quesadillas y reserva.

4. Calienta una ollita con aceite vegetal, fríe las quesadillas hasta que queden crujientes y retira el exceso de grasa con una servilleta absorbente.

5. Abre las quesadillas y sirve con lechuga, crema, queso y salsa.

SOPA DE TORTILLA

TIEMPO: 1 HR 10 MIN **DIFICULTAD:** MEDIA **PORCIONES:** 6

PARA LA SOPA

- 3 dientes de ajo
- ½ cebolla *(cortada en trozos)*
- 3 tomates maduros
- 6 tazas de caldo de pollo
- 1 cda. de aceite
- 2 ramas de epazote fresco
- 10 tortillas de maíz *(en tiras)*

PARA DECORAR

- 2 chiles pasilla *(o 3 si están chicos)*
- 2 aguacates pelados *(sin hueso y cortados en cubos)*
- 155 g de queso fresco *(en tiras)*
- ½ taza de crema espesa
- 3 limones *(cortados a la mitad)*
- pimienta al gusto

1. Asa los ajos, la cebolla y los tomates. Pela los tomates y quita las partes duras.

2. Tritura los tomates con los ajos y la cebolla, agregando ¼ de taza del caldo de pollo si es necesario.

3. Calienta una cucharada de aceite a fuego alto y fríe el puré de tomate. Cocina durante 2 minutos y baja el fuego para cocinar por 5 minutos. Mueve continuamente hasta que espese.

4. Agrega el caldo de pollo restante y el epazote. Hierve y sazona al gusto. Tapa y deja cocer a fuego medio por 15 minutos.

5. Vierte aceite en una sartén chica y cuando esté bien caliente, fríe las tiras de tortillas hasta que estén doradas, dándoles al menos 1 vuelta. Retira las tortillas y quita el exceso de aceite.

6. Corta los chiles en aros de 1 cm y quita las semillas. Fríelos también en aceite caliente durante 1 minuto hasta que estén crujientes. Escúrrelos y reserva.

7. Sirve el caldillo con las tiras de tortillas. Decora cada plato con aros de chile crujientes, cubos de aguacate, tiras de queso fresco y un toque de crema espesa. Acompaña con limones partidos a la mitad.

MOLE DE OLLA

TIEMPO: 1 HR 40 MIN   DIFICULTAD: MEDIA   PORCIONES: 6

INGREDIENTES

- ¼ taza de aceite *(para la salsa)*
- 6 dientes de ajo *(para freírlos)*
- ¼ cebolla
- 4 jitomates
- 10 chiles pasilla *(limpios y sin semillas)*
- 6 tazas de agua
- ½ manojo de epazote
- 1 cda. de aceite *(para el caldo)*
- 4 L de agua
- 3 elotes *(cortados en tercios)*
- 1 kg de chambarete de res *(sin hueso)*
- 1 tuétano *(100 g)*
- 1 diente de ajo *(para el caldo)*
- 1 taza de cebolla *(en trozos)*
- 1 cda. de sal
- 2 zanahorias *(en trozos largos)*
- 1 chayote *(en cubos grandes)*
- 1 papa *(en cubos grandes)*
- ¼ taza de ejote *(limpio)*
- 4 xoconostles *(pelados)*
- 2 calabazas *(en medias lunas)*
- 1 pizca de sal

PARA ACOMPAÑAR

- tortillas de maíz

1. Calienta en una olla a fuego medio el aceite y fríe los ajos, la cebolla, los jitomates y el chile pasilla, rellena con agua y agrega el epazote. Enfría y reserva.

2. Licúa la preparación anterior.

3. Calienta el aceite a fuego medio, fríe la salsa por 10 minutos. Reserva.

4. Coloca en una olla el agua con los elotes, el chambarete, el tuétano, el ajo, la cebolla y la sal. Cocina durante 1 hora, retira la espuma del caldo.

5. Cuela la salsa y agrega al caldo. Cocina unos minutos.

6. Agrega las verduras y cocina hasta que estén cocidas. Sazona el caldo al gusto.

7. Sirve caliente y acompaña con tortillas.

PASTEL DE TAMAL CON SALSA DE FRIJOL

TIEMPO: 2 HRS 40 MIN · DIFICULTAD: ALTA · PORCIONES: 8

PARA LA SALSA MORITA

- 2 cdas. de aceite vegetal
- ½ cebolla
- 1 ajo
- 8 tomates
- 5 chiles morita
- 1 taza de caldo de pollo
- 1 cda. de orégano
- 1 cda. de cilantro

PARA LA CARNE

- 1 cda. de aceite vegetal
- 600 g de pulpa de cerdo *(cocida y deshebrada)*
- sal y pimienta al gusto

PARA EL TAMAL

- 250 g de manteca de cerdo
- ¾ taza de caldo de pollo
- 750 g de masa de maíz
- 1 cda. de polvo para hornear
- 1 cda. de sal
- suficientes hojas de plátano

PARA LA SALSA DE FRIJOL

- 2 tazas de frijol negro
- 1 diente de ajo
- ⅓ cebolla
- 1 taza de crema ácida
- ¼ taza de chile chipotle
- 1 hoja de aguacate
- 1 cda. de aceite vegetal
- sal y pimienta al gusto

PARA DECORAR

- crema al gusto
- queso al gusto
- cilantro al gusto

1. Precalienta el horno a 180 °C.
2. Para la salsa morita, en una sartén a fuego medio, calienta el aceite y fríe la cebolla, el ajo, los tomates y el chile morita hasta que se suavicen.
3. Vierte el caldo de pollo, el orégano, el cilantro y cocina por 10 minutos más. Enfría ligeramente y licúa hasta obtener una salsa.
4. En una ollita, calienta el aceite y fríe la carne hasta que tome color, sazona con sal y pimienta, vierte la salsa y cocina por 10 minutos más. Deja enfriar y reserva.
5. Para la masa, bate la manteca con un poco de caldo hasta blanquear. Poco a poco agrega la masa de maíz sin dejar de batir; añade el polvo para hornear y la sal. Bate hasta obtener una masa esponjosa.
6. En un comal a fuego medio, asa las hojas de plátano.
7. En un refractario cuadrado, coloca las hojas de plátano y agrega un poco de masa de maíz. Llena la mitad del refractario, agrega el relleno de carne y cubre con más masa. Envuelve con la hoja de plátano y papel aluminio.
8. Durante 1 hora, hornea el tamal a baño María.
9. Para la salsa de frijol, licúa los frijoles con el ajo, la cebolla, la crema, el chipotle, la hoja de aguacate y sazona.
10. En una ollita, calienta el aceite a fuego medio, agrega la salsa y cocina hasta espesar. Rectifica el sazón.
11. Sirve el tamal en un plato extendido, agrega un poco de salsa de frijol y decora con crema, queso y cilantro.

CHICHARRÓN EN SALSA ROJA

TIEMPO: 1 HR   DIFICULTAD: BAJA   PORCIONES: 4

INGREDIENTES

- 8 jitomates
- ½ cebolla
- 3 dientes de ajo
- 4 chiles guajillos *(sin semillas)*
- 1 chile serrano *(sin rabo)*
- suficiente aceite
- sal y pimienta al gusto
- 4 tazas de chicharrón

PARA SERVIR Y ACOMPAÑAR

- cebolla cambray al gusto *(en aros)*
- aguacate al gusto *(en cubos)*
- cilantro al gusto
- tortillas de maíz

1. En una olla con agua hirviendo, cocina los jitomates con la cebolla, el ajo y los chiles hasta que estén suaves. Escurre.

2. Licúa las verduras cocidas hasta obtener una salsa y fríe en una olla con aceite alrededor de 15 minutos. Sazona con sal y pimienta, agrega el chicharrón e incorpora bien.

3. Sirve el chicharrón y decora con aros de cebolla cambray, el aguacate y el cilantro. Acompaña con frijoles y tortillas de maíz.

¿SABÍAS QUE?

La Autoridad Europea de Seguridad Alimentaria asegura que la proteína contenida en **el chicharrón** de cerdo favorece a la masa corporal y protege a los huesos debido a sus altos índices de colágeno.

FRIJOLES CHARROS CON CHORIZO

TIEMPO: 1 HR 30 MIN • DIFICULTAD: MEDIA • PORCIONES: 6

INGREDIENTES

- 1 taza de tocino *(cortado en cuadritos)*
- 1 taza de chorizo *(cortado en cuadritos)*
- 1 cebolla *(finamente picada)*
- 2 dientes de ajo *(finamente picados)*
- 1 taza de salchicha *(picada en cubitos)*
- 3 chiles jalapeños *(picados)*
- 2 tazas de frijoles bayos *(cocidos)*
- 2 tazas de caldo de frijol
- ½ taza de chicharrón *(troceado)*
- ¼ taza de cilantro *(finamente picado)*
- 1 pizca de sal

PARA DECORAR

- 1 taza de epazote *(frito)*
- chile serrano al gusto
- chicharrón al gusto *(troceado)*

1. Calienta una olla profunda a fuego medio y fríe el tocino con el chorizo hasta que estén cocidos. Agrega la cebolla y cocina hasta que esté transparente, luego agrega el ajo, la salchicha, los chiles jalapeños, los frijoles y el caldo de frijol. Cocina durante 10 minutos, o hasta que suelte el hervor.

2. Agrega el chicharrón, el cilantro fresco y sazona al gusto.

3. Sirve los frijolitos en un plato y decora con hojas de epazote frito, chile serrano y un poco de chicharrón troceado.

PAMBAZOS DE PAPA CON CHORIZO

TIEMPO: 30 MIN **DIFICULTAD:** MEDIA **PORCIONES:** 8

PARA LA SALSA DE GUAJILLO

- 6 chiles guajillos *(desvenados, sin semillas y remojados en agua caliente)*
- ¼ cebolla blanca
- 1 diente de ajo
- 1 pizca de sal
- 1 cda. de manteca de cerdo

PARA LOS PAMBAZOS

- 2 tazas de chorizo *(en trozos)*
- 3 papas *(cocidas, peladas y en trozos grandes)*
- 1 pizca de sal
- 8 bolillos
- ¼ taza de manteca de cerdo

PARA SERVIR

- 1 taza de lechuga orejona *(cortada en tiritas)*
- 1 taza de crema
- 1 taza de queso añejo *(desmoronado)*
- ½ taza de salsa verde cruda

1. Licúa el chile guajillo, la cebolla blanca, el ajo, sal al gusto y un poco de agua de remojo de chiles. Procura que la salsa no quede muy líquida.

2. En una cacerola, agrega la manteca y vierte la salsa, sazona con sal y cocina por 5 minutos.

3. Calienta una sartén a fuego medio, agrega el chorizo y cocina hasta que suelte la grasita. Añade la papa previamente aplastada y cocina durante 3 minutos.

4. En una tabla, corta por la mitad los panes para pambazo. Agrega el relleno y barniza con la salsa de guajillo. Reserva.

5. Calienta una sartén, agrega manteca y coloca el pambazo volteado y unta la parte de abajo con salsa de guajillo. Fríe hasta que estén doraditos.

6. Sirve con lechuga, queso, crema y salsa.

TAMALES OAXAQUEÑOS

TIEMPO: 2 HRS **DIFICULTAD:** ALTA **PORCIONES:** 8

PARA LA CARNE

- ½ kg de carne de cerdo maciza
- 1 diente de ajo
- ¼ cebolla
- ½ cdita. de sal

PARA LA SALSA

- 6 chiles anchos *(desvenados y sin semillas)*
- 8 chiles guajillos *(desvenados y sin semillas)*
- 2 tomates
- ¼ cebolla
- 2 dientes de ajo
- 1 cdita. de mejorana seca
- 4 granos de pimienta negra *(entera)*
- 2 clavos de olor *(enteros)*
- 1 cda. de manteca de cerdo

PARA PREPARAR LAS HOJAS

- 1 hoja de plátano grande
- 2 cdas. de manteca de cerdo

PARA LA MASA

- ½ kg de masa de maíz
- 2 cdas. de manteca de cerdo

PARA COCER LOS TAMALES

- 2 tazas de agua
- suficientes hojas de plátano

1. En una cacerola, cubre la carne de cerdo con agua y agrega el ajo, la cebolla y la sal.
2. Cuando comience a hervir, tapa y cocina a fuego lento entre 45-60 minutos, o hasta que la carne esté tierna. Desmenuza la carne y conserva el caldo.
3. Asa los chiles, colócalos en un recipiente, cúbrelos con agua caliente y déjalos reposar durante 20 minutos.
4. Asa los tomates, pélalos y licúa.
5. Asa y licúa la cebolla, los dientes de ajo, la mejorana, la pimienta y los clavos. Escurre los chiles y añádelos junto con el caldo que se reservó.
6. En una sartén, derrite la manteca y saltea la mezcla anterior durante 5 minutos.
7. Agrega el puré de los tomates a la sartén y cocina otros 5 minutos. Añade la carne, mezcla bien y tapa. Cocina a fuego lento por 10 minutos.
8. Tatema la hoja de plátano durante 5 segundos. Córtala en cuadros de 13x15 cm y engrásalas con la manteca de cerdo.
9. Mezcla la masa de maíz con la manteca durante 5 minutos. Coloca un cuadro de masa de unos 8 cm en la cara de la hoja con la manteca. Cúbrelo con 1 ½ cdas. de carne.
10. Dobla las orillas opuestas de la hoja hacia el centro y luego haz lo mismo con las otras dos orillas, formando un rectángulo cerrado. Para asegurarlos, átalos con tiras finas de la misma hoja.
11. Agrega 2 tazas de agua en una olla de presión con rejilla para cocinar al vapor y cubre la rejilla con hojas de plátano extendidas. Coloca encima los tamales y cúbrelos con más hojas de plátano.
12. Tapa la olla y cocina durante 20 minutos. Deja enfriar y sirve.

POZOLE BLANCO

TIEMPO: 2 HRS 30 MIN **DIFICULTAD:** MEDIA **PORCIONES:** 6

INGREDIENTES

	suficiente agua
500	g de maíz cacahuazintle
½	cabeza de ajo
½	cebolla
	orégano al gusto
	laurel al gusto
	tomillo al gusto
250	g de cabeza de cerdo
250	g de espinazo de cerdo
250	g de pulpa de cerdo

PARA SERVIR Y ACOMPAÑAR

salsa al gusto

cebolla al gusto
(finamente picada)

lechuga al gusto
(cortada en tiritas)

rábano al gusto
(en rodajas)

orégano seco al gusto

limón al gusto

chile piquín al gusto

tostadas de maíz
(para acompañar)

1. En una olla con agua hirviendo, cuece el maíz con el ajo, la cebolla y las hierbas de olor hasta que reviente el grano. Cocina durante 50 minutos.

2. Agrega la carne de cerdo y la sal, cocina a fuego bajo durante 1 hora, o hasta que la carne esté suave.

3. Retira la carne y sobre una tabla córtala en trozos pequeños.

4. En un plato hondo, sirve la carne con cebolla, lechuga, rábano, orégano, limón y chile piquín, acompaña con tostadas de maíz.

MOLE POBLANO

TIEMPO: 2 HRS 30 MIN **DIFICULTAD:** ALTA **PORCIONES:** 10

INGREDIENTES

- ½ taza de manteca de cerdo
- 125 g de chile ancho *(limpio y desvenado)*
- 70 g de chile pasilla *(limpio y desvenado)*
- 70 g de chile guajillo *(limpio y desvenado)*
- ½ bolillo
- 2 tortillas de maíz
- 1 plátano macho
- 1 cebolla blanca *(en cuadros, asada)*
- 6 dientes de ajo con cáscara *(asados)*
- 2 tomates *(en cuadros)*
- 3 jitomates *(en mitades)*
- 1 ½ tazas de pasas
- 1 ½ rajas de canela *(asadas)*
- ½ taza de almendras *(asadas)*
- ¼ taza de cacahuates *(asados)*
- ½ taza de nuez *(asada)*
- ¼ taza de pepitas *(asadas)*
- ¼ taza de ajonjolí *(asado)*
- ¼ cda. de clavo entero *(asado)*
- 1 cda. de pimienta gorda entera *(asada)*
- 1 cdita. de comino *(asado)*
- 4 piezas de anís estrella *(asado)*
- 2 L de caldo de pollo
- 1 cda. de sal de grano
- 1 cda. de orégano
- ½ cdita. de tomillo
- 180 g de chocolate de mesa
- ½ taza de azúcar mascabado
- 1 pollo con piel *(cocido y en piezas)*

PARA DECORAR Y SERVIR

- ajonjolí tostado al gusto
- arroz rojo al gusto
- tortillas al gusto

1. Calienta una ollita de barro a fuego medio, con un poco de manteca fríe los chiles sin que se quemen. Retira y reserva.

2. Fríe el pan con la tortilla y el plátano macho. Retira y reserva.

3. En la misma ollita, agrega otra cucharada de manteca y fríe la cebolla y el ajo. Añade el tomate, el jitomate, las pasas y continúa la cocción hasta que todo se suavice. Agrega el resto de los ingredientes previamente asados y cocina nuevamente entre 5 y 10 minutos.

4. Agrega el caldo de pollo y asegúrate de que cubra los ingredientes. Sazona con sal, orégano, tomillo y cocina hasta que la preparación quede suave. Cocina 20 minutos. Retira de cocción y licúa poco a poco hasta obtener una pasta. Reserva.

5. Calienta nuevamente la ollita con más manteca, fríe la pasta y agrega más caldo de pollo para hidratar la pasta. Cocina durante 30 minutos moviendo constantemente.

6. Disuelve el chocolate de mesa junto con el azúcar, incorpora el resto del caldo de pollo y cocina durante 30 minutos más. Añade las piezas de pollo cocidas, rectifica el sazón y continúa la cocción hasta que comience a soltar la grasa.

7. Sirve una pechuga en un plato, cúbrela con la salsa y decora con ajonjolí. Acompaña con arroz rojo y tortillas.

CHILE EN NOGADA

TIEMPO: 1 HR DIFICULTAD: ALTA PORCIONES: 8

INGREDIENTES

- 350 g de carne molida de res
- 350 g de carne molida de cerdo
- 50 ml de aceite vegetal
- 2 dientes de ajo *(picados)*
- ½ cebolla *(picada)*
- 5 jitomates *(molidos)*
- 100 g de almendra *(pelada y fileteada)*
- 100 g de pasitas
- 1 plátano macho *(picado y frito)*
- 100 g de piñón
- suficiente orégano
- 2 clavos de olor
- ½ ramita de canela
- suficiente tomillo
- ¼ cdita. de pimienta molida
- suficiente sal
- 2 duraznos criollos *(picados en cubos)*
- 2 peras lecheras *(picadas en cubos)*
- 2 manzanas medianas *(picadas en cubos)*
- 8 chiles poblanos *(asados, pelados y desvenados)*
- 1 cda. de azúcar *(para la nogada)*
- 500 g de nuez de castilla *(sin piel, para la nogada)*
- 2 tazas de leche
- 1 taza de queso de cabra

PARA DECORAR Y SERVIR

- ½ manojo de perejil *(picado)*
- 3 granadas rojas *(desgranadas)*

1. Calienta el aceite y fríe el ajo, la cebolla y la carne.

2. Agrega el jitomate molido, las almendras, las pasas, el plátano macho y el piñón.

3. Sazona con orégano, clavo, canela, tomillo, pimienta molida y sal. Mezcla hasta integrar.

4. Añade el durazno, la pera y la manzana. Retira la canela y el tomillo.

5. Rellena los chiles previamente asados, pelados y desvenados.

6. Para la nogada, licúa la leche con la nuez, el queso de cabra, el azúcar y la sal.

7. Baña los chiles con la nogada y decora con el perejil picado y la granada roja. Sirve.

GORDITAS DE NATA CASERAS

TIEMPO: 26 MIN   **DIFICULTAD:** BAJA   **PORCIONES:** 10

INGREDIENTES

- 4 tazas de harina
- 2 cditas. de polvo para hornear
- 1 taza de azúcar
- 1 pizca de sal
- 2 huevos
- 2 tazas de nata

1. En un bowl, mezcla la harina con el polvo para hornear, el azúcar y la sal.
2. Añade los huevos uno a uno y amasa hasta incorporar.
3. Agrega la nata y continúa amasando hasta tener una masa tersa y firme. Deja reposar por 15 minutos en refrigeración.
4. Sobre una superficie enharinada, extiende la masa y con ayuda de un cortador redondo, corta las gorditas.
5. Calienta un comal a fuego bajo y cocina las gorditas, por cada lado, durante 3 minutos, o hasta que inflen.

TIP KIWILIMÓN

Las **gorditas de nata** deben cocinarse a fuego muy bajito para que logren una cocción consistente, ya que se vuelven más gruesas al estar hechas con masa de harina y nata.

NOCHE DE PAZ Y PAVITO

La Navidad es la época perfecta en la que toda la familia se reúne y hace de cada momento algo muy especial. Es tiempo en el que los brillos, el calor, el amor, la amistad, la esperanza y la fe, inundan nuestros corazones y sobre todo es tiempo de compartir, y qué mejor que compartir alimentos con nuestros seres amados. Ensalada de manzana, pavo con salsa de queso y lomo mechado en salsa de tamarindo, son platillos con los que te puedes lucir y quedarán servidos de forma espectacular en tu cena navideña y de fin de año.

- **178** Dip de cilantro en forma de arbolito
- **180** Queso brie al horno con mermelada de chiles
- **182** Ensalada de manzana tradicional
- **184** Rosetones de papa
- **186** Pechuga de pavo con salsa de queso
- **188** Lomo mechado con salsa de tamarindo
- **190** Rosca de reyes tradicional

DIP DE CILANTRO EN FORMA DE ARBOLITO

TIEMPO: 30 MIN   DIFICULTAD: MEDIA   PORCIONES: 14

PARA EL DIP

- 4 tazas de queso crema *(en cubos y a temperatura ambiente)*
- 2 cdas. ajo en polvo
- ½ taza de queso parmesano
- ¼ taza de piñón
- 1 taza de tocino frito *(finamente picado)*
- ¼ taza de cilantro *(finamente picado)*
- ¼ taza de queso cheddar *(rallado)*
- 1 cda. de cebolla en polvo
- 1 cda. de jugo de limón
- 2 chiles jalapeños *(asados y finamente picados)*
- 1 cda. de sal

PARA DECORAR

- 1 taza de pimiento amarillo y rojo *(cortados en círculos y en estrella)*
- 1 taza de cilantro *(finamente picado)*
- ¼ taza de piñón tostado

PARA ACOMPAÑAR

- galletas saladas al gusto

1. En un bowl, agrega todos los ingredientes para el dip y mezcla hasta que se incorporen. Refrigera por 20 minutos.

2. Sobre una tabla coloca plástico adherente, agrega la preparación anterior, cubre de plástico y con tus manos forma poco a poco el arbolito de queso. Cubre con el cilantro finamente picado, los piñones, los círculos de pimiento y coloca la estrella para finalizar.

3. Sirve el arbolito con galletas saladas.

QUESO BRIE AL HORNO CON MERMELADA DE CHILES

TIEMPO: 1 HR 10 MIN **DIFICULTAD:** ALTA **PORCIONES:** 10

PARA LA MERMELADA

- 1 taza de naranja *(gajos sin cáscara)*
- 1 taza de jugo de naranja
- ½ taza de azúcar
- 1 cdita. de canela en polvo
- 1 cda. de ajo *(finamente picado)*
- ¼ taza de chile ancho *(finamente picado)*
- ⅛ taza de chile morita *(finamente picado)*
- ¼ taza de chile guajillo *(finamente picado)*
- ¼ taza de arándano deshidratado

PARA EL QUESO

- 1 kg de pasta de hojaldre
- suficiente harina de trigo
- 1 queso brie *(de 400 g a 1 kg)*
- 1 huevo *(batido)*

PARA DECORAR

- arándanos deshidratados al gusto
- arúgula fresca al gusto
- frambuesas al gusto

1. Precalienta el horno a 200 °C.

2. Para la mermelada, en una olla a fuego bajo, mezcla la naranja con el jugo de naranja, el azúcar, la canela, el ajo y los chiles. Cocina de 20 a 30 minutos, o hasta que se forme una mermelada. Añade los arándanos y retira de la hornilla. Enfría y reserva.

3. Sobre una superficie limpia y enharinada, extiende el hojaldre con ayuda de un rodillo y corta un cuadrado. Reserva los excesos para decorar.

4. Extiende un poco de mermelada en el centro del cuadro y encima acomoda el queso brie. Cierra y pega las orillas con ayuda del huevo batido. Decora con el resto del hojaldre.

5. Coloca el queso en una charola para horno, barniza toda la superficie con más huevo y hornea alrededor de 20 minutos, o hasta dorar. Deja enfriar ligeramente antes de servir.

6. Decora con arándanos deshidratados, arúgula fresca y frambuesas.

ENSALADA DE MANZANA TRADICIONAL

TIEMPO: 20 MIN   DIFICULTAD: BAJA   PORCIONES: 4

INGREDIENTES

- 6 manzanas
- 3 zanahorias *(ralladas)*
- 1 taza de pasitas
- 1 taza de nuez *(en trozos)*
- ½ taza de azúcar
- 1 taza de crema ácida
- ¼ taza de mayonesa
- 4 rebanadas de piña en almíbar
- 10 cerezas

1. Retira el corazón de las manzanas. Córtalas en cubitos.
2. Mezcla la manzana y la zanahoria rallada.
3. Agrega la crema ácida, la mayonesa, el azúcar, las pasitas y la nuez. Mezcla.
4. Corta la piña en cubos. Mezcla.
5. Decora con las cerezas y sirve.

¿SABÍAS QUE?

En los últimos años del siglo XIX, Oscar Tschirky, *maître* del ahora muy famoso Hotel Waldorf-Astoria que estaba siendo inaugurado en ese momento, inventó **esta ensalada especial** para que llevara el nombre del establecimiento. Originalmente sólo tenía tres ingredientes; mayonesa, apio y manzana. Actualmente se prepara con ingredientes de temporada y regionales.

ROSETONES DE PAPA

TIEMPO: 55 MIN **DIFICULTAD:** MEDIA **PORCIONES:** 10

INGREDIENTES

- 1 kg de papa *(sin cáscara y cortada en cubitos)*
- 2 L de agua
- suficiente sal
- 3 cdas. de mantequilla
- ⅓ taza crema ácida
- ¼ cdita. nuez moscada
- ½ taza de queso parmesano *(rallado)*

1. Precalienta el horno a 220 °C.
2. Cocina las papas en agua con sal por 20 minutos, o hasta que estén suaves.
3. En un bowl, aplasta las papas con ayuda de un machacador hasta obtener un puré terso. Agrega la crema, la nuez moscada y sazona. Añade el queso parmesano y verifica el sabor.
4. Coloca la mezcla en una manga de repostería con duya rizada y forma rosetones en una charola con papel encerado. Hornea por 20 minutos y sirve.

PECHUGA DE PAVO CON SALSA DE QUESO

TIEMPO: 1 HR 40 MIN   DIFICULTAD: ALTA   PORCIONES: 8

PARA EL PAVO

- 1 pechuga de pavo sin hueso *(700 g)*
- 1 diente de ajo *(finamente picado)*
- 1 pizca de nuez moscada
- 1 pizca de pimienta blanca
- 1 cda. de romero *(finamente picado)*
- ¼ taza de aceite de oliva

PARA LA SALSA

- 1 cda. de mantequilla
- 1 diente de ajo *(finamente picado)*
- ½ cebolla *(finamente picada)*
- 1 taza de uva verde sin semilla
- ¼ taza de vino blanco
- ¼ taza de leche
- ½ taza de leche evaporada
- ½ taza de queso crema *(en cubitos)*
- 1 taza de queso de cabra *(desmoronado)*
- ½ taza de crema para batir
- 1 pizca de sal
- 1 pizca de pimienta
- 1 pizca de nuez moscada

PARA DECORAR Y ACOMPAÑAR

- 1 taza de uva verde sin semilla *(cortadas a la mitad)*
- ensalada al gusto

1. Precalienta el horno a 200 °C.
2. Sobre una tabla, brida la pechuga de pavo ahumada y reserva.
3. En un bowl, mezcla el ajo, la nuez moscada, la pimienta blanca, el romero y el aceite de oliva. Coloca la pechuga de pavo y marina durante 15 minutos.
4. Calienta una sartén profunda y fríe la pechuga hasta que se dore. Retírala y junto a la marinada, coloca en una charola para hornear y cubre con papel aluminio.
5. Hornea 20 minutos y reposa. Corta en rebanadas y reserva.
6. Para la salsa, en una sartén, calienta la mantequilla, agrega la cebolla con el ajo y cocina hasta que tengan un color más brillante y transparente. Agrega la mitad de las uvas verdes y sigue salteando, agrega el vino blanco, la leche, la leche evaporada, la crema para batir y los quesos. Cocina hasta que se fundan los quesos, sazona con sal, pimienta y nuez moscada.
7. En un plato, sirve la pechuga con la salsa y uvas verdes. Acompaña con ensalada y disfruta.

LOMO MECHADO CON SALSA DE TAMARINDO

TIEMPO: 1 HR 55 MIN   DIFICULTAD: MEDIA   PORCIONES: 14

PARA EL LOMO

- 1 lomo de cerdo *(3 kg, limpio)*
- ¼ taza de almendra
- ¼ taza de ciruela pasa sin hueso
- ¼ taza de chabacano deshidratado
- ¼ taza de ajo
- ¼ cdas. de hierbas de olor
- 20 rebanadas de tocino

PARA LA SALSA DE TAMARINDO

- 3 dientes de ajo *(asados)*
- ¼ cebolla *(asada)*
- 2 chiles morita *(asados, remojados en agua caliente)*
- ½ taza de piloncillo *(rallado)*
- 3 tazas de concentrado de tamarindo
- 2 cdas. de tomillo fresco
- 3 cdas. de vinagre de manzana
- 1 cdita. de pimienta gorda
- ¼ taza de caldo de pollo
- ¼ cdita. de clavo
- 1 cda. de mantequilla

PARA DECORAR

- tomillo fresco al gusto

1. Precalienta el horno a 200 °C.
2. Sobre una tabla coloca el lomo y con un cuchillo forma agujeros en la carne. En cada uno coloca almendras, ciruelas, chabacano y ajos.
3. Para condimentar, espolvorea las hojas de olor en el lomo. Reserva.
4. Sobre una charola con papel aluminio, coloca el tocino y el lomo. Con ayuda del papel, enrolla la preparación y cubre la pieza. Hornea durante 40 minutos.
5. Retira del horno y destapa el lomo. Hornea durante 20 minutos más para que se dore la parte que quedó descubierta. Reserva para que reposen los jugos.
6. Para la salsa de tamarindo, licúa todos los ingredientes hasta obtener una salsa tersa.
7. Calienta una sartén a fuego medio con la mantequilla, agrega la salsa y cocina 10 minutos hasta que se reduzca ligeramente. Retira de cocción y reserva.
8. Sobre una tabla, corta el lomo en rebanadas del grosor que desees. Sirve en un plato con puré de papa y baña con salsa de tamarindo. Decora con tomillo fresco.

ROSCA DE REYES TRADICIONAL

TIEMPO: 1 HR 20 MIN DIFICULTAD: ALTA PORCIONES: 12

INGREDIENTES

- 5 g de levadura
- 1 cda. de azúcar
- 2 cdas. de agua tibia
- 2 tazas de harina
- ¼ taza de azúcar
- 2 huevos
- ⅓ taza de leche
- 1 naranja *(ralladura)*
- 1 limón *(ralladura)*
- ⅓ taza de mantequilla *(en cubos)*
- ¼ taza de manteca vegetal
- ¼ taza de azúcar
- ¼ taza de harina
- 1 huevo *(batido)*
- 300 g de ate de diferentes sabores

1. Precalienta el horno a 180 °C.
2. Mezcla la levadura con el azúcar y el agua tibia. Deja reposar hasta que doble su volumen.
3. Forma un volcán con la harina, el azúcar, la levadura preparada, los huevos, la leche, las ralladuras y la mantequilla.
4. Integra todos los ingredientes hasta formar una pasta. Amásala y golpéala contra la mesa hasta que esté tersa, elástica y no se te pegue en los dedos.
5. Deja reposar la preparación en un lugar tibio y cubre con un trapo húmedo, hasta que doble su volumen.
6. Moldea la masa hasta formar una rosca y luego colócala en una charola engrasada. Déjala reposar en un lugar tibio y cubre con un trapo húmedo hasta que doble su volumen.
7. Para la pasta de azúcar, bate la manteca vegetal con el azúcar y la harina.
8. Barniza la rosca con el huevo batido, divide la pasta de azúcar en tiras y colócala sobre la rosca junto con el ate.
9. Hornea por 1 hora, o hasta que esté dorada. Sirve.

SIN HORNO LA VIDA ES MÁS DULCE

El postre es el cierre, el final, la coronación de toda comida por sencilla que ésta sea. Éste debe ser perfecto hasta dentro de su sencillez. Estos deliciosos postres sin horno son tan fáciles de preparar que no podrás con la tentación de disfrutarlos y darle a tus comidas ese toque especial en el día a día. Gelatinas, pays, pasteles, aquí vas a encontrar recetas que harán que te luzcas con tu familia y sin complicaciones. Lo único difícil será decidir cuál preparar, de lo demás, nos encargamos nosotros.

194	Cheesecake con duraznos en almíbar	**212**	Gelatina napolitana de Gansito®
196	Rosca de gelatina con frutas	**214**	Flotatina de vainilla
198	Pay de leche condensada	**216**	Gelatina de galletas María
200	Tarta de arroz con leche y galletas María	**218**	Gelatina de mango con chamoy
202	Tarta de frutas con crema pastelera	**220**	Gelatina de leche condensada con fresas
204	Cheesecake con zarzamora sin horno	**222**	Pastel de crepas de Conejos®
206	Bomba de Oreo® fría	**224**	Crepas con cajeta
208	Carlota de limón	**226**	Flan napolitano tradicional
210	Gelatina mosaico de cajeta con vainilla		

CHEESECAKE CON DURAZNOS EN ALMÍBAR

TIEMPO: 3 HRS   DIFICULTAD: MEDIA   PORCIONES: 6

PARA LA BASE

- 2 ½ tazas de galletas sabor coco
- 1 cda. de canela molida
- ½ taza de almendras *(tostadas y molidas)*
- 3 cdas. de azúcar refinada
- 2 barras de mantequilla *(fundida)*

PARA EL CHEESECAKE

- 3 tazas de queso crema
- 1 taza de queso mascarpone
- ½ taza de azúcar refinada
- 1 cda. de esencia de vainilla
- 4 cdas. de almíbar de durazno
- 4 cdas. de ralladura de limón amarillo y verde
- 2 cdas. de ralladura de naranja
- ¼ taza de jugo de limón amarillo y verde
- 2 sobres de grenetina *(7 g c/u, hidratada y fundida)*

PARA LA CREMA DE LIMÓN

- 2 huevos
- 2 yemas
- ½ taza de jugo de limón
- ¼ taza de azúcar
- 2 limones *(ralladura)*
- ½ taza de mantequilla
- ½ taza de crema ácida

PARA DECORAR

- 2 tazas de duraznos en almíbar
- 1 taza de mermelada de chabacano

1. Para la base, coloca los ingredientes en un bowl y mezcla hasta conseguir una masita que se apelmace. Rellena un molde para pastel con la mezcla y aplana hasta conseguir una capa gruesa y uniforme. Refrigera durante 20 minutos y reserva.

2. Para el cheesecake, en una batidora mezcla el queso crema con el queso mascarpone y el azúcar. Agrega la esencia de vainilla, el almíbar de durazno, la ralladura de limón, el jugo y la grenetina; bate hasta integrar. Vierte la mezcla en el molde con la base de galleta y refrigera hasta que cuaje.

3. Para la crema de limón, en un bowl a baño María, bate el huevo con las yemas, el azúcar, el jugo de limón y la ralladura de limón hasta incorporar. Cocina 10 minutos, o hasta que espese. Agrega la mantequilla y la crema ácida. Mezcla bien y enfría.

4. Vierte la crema de limón sobre el cheesecake y refrigera alrededor de 30 minutos para que cuaje.

5. Desmolda el cheesecake y decora con duraznos en almíbar. Con ayuda de una brocha, unta mermelada en los duraznos para que queden brillosos. Sirve.

ROSCA DE GELATINA CON FRUTAS

TIEMPO: 4 HRS 10 MIN **DIFICULTAD:** MEDIA **PORCIONES:** 12

PARA LA GELATINA DE LECHE

- 1 taza de leche condensada
- 1 taza de leche evaporada
- 2 tazas de leche entera
- 1 cdita. de esencia de vainilla
- 5 sobres de grenetina
  (7 g c/u, hidratada y fundida)

PARA LA GELATINA TRANSPARENTE

- 4 tazas de agua caliente
- ½ taza de azúcar
- 1 cdita. de esencia de vainilla
- 5 sobres de grenetina
  (7 g c/u, hidratada y fundida)

PARA DECORAR

- 2 tazas de fresas
- 2 tazas de uvas verdes sin semilla
- 2 tazas de durazno en almíbar

1. Licúa la leche condensada con la leche evaporada, la leche entera, la esencia de vainilla y la grenetina previamente hidratada.
2. En un molde previamente engrasado, vierte la mezcla y refrigera hasta que cuaje.
3. Disuelve el azúcar en el agua caliente, con la esencia de vainilla y la grenetina previamente hidratada.
4. Corta en 8 partes iguales la gelatina de leche y retira 4 partes de forma alternada. Rellena cada espacio con fresas, uvas, duraznos y piña.
5. Vierte la gelatina transparente sobre la fruta, cuidando que no se salga de los espacios. Refrigera hasta que cuaje por completo.
6. Desmolda y decora con más fruta fresca. Sirve.

PAY DE LECHE CONDENSADA

TIEMPO: 2 HRS 20 MIN   **DIFICULTAD: MEDIA**   **PORCIONES: 6**

INGREDIENTES

500	g de galletas María
120	g de mantequilla
3	tazas de queso crema *(en cubos, a temperatura ambiente)*
1 ½	tazas de leche condensada
1	cda. de esencia de vainilla
¾	taza de crema para batir
1	sobre de grenetina *(7 g, hidratada y fundida)*
450	g de chocolate amargo
¾	taza de crema para batir
¼	taza de mantequilla
50	ml de miel de maple

1. Agrega las galletas al procesador y muele hasta conseguir un polvo fino.

2. Para la base, coloca la mantequilla en el procesador, junto con la mezcla de galletas y muele hasta conseguir una masita. Coloca la preparación en un molde y forma la base. Aplana la galleta con una cuchara y reserva en refrigeración.

3. Licúa el queso crema, la leche condensada, la esencia de vainilla, la crema para batir y la grenetina hasta conseguir una mezcla homogénea. Sirve la mezcla sobre la base de galleta en el molde. Refrigera hasta que cuaje.

4. Para la cubierta, funde el chocolate en un bowl a baño María, agrega la crema e incorpora bien. Funde la mantequilla y fuera del fuego agrega la miel de maple. Mezcla hasta conseguir una ganache más o menos espesa. Enfría y cubre el pastel con la preparación. Refrigera y posteriormente sirve.

TARTA DE ARROZ CON LECHE Y GALLETAS MARÍA

TIEMPO: 1 HR 30 MIN · DIFICULTAD: MEDIA · PORCIONES: 10

PARA LA BASE

- 500 g de galletas María
- ¼ taza de mantequilla sin sal *(fundida)*

PARA LA TARTA

- 1 taza de arroz *(remojado con agua caliente)*
- 2 tazas de leche entera
- 1 ½ tazas de leche evaporada
- ½ taza de leche condensada
- 2 rajas de canela
- 2 cdas. de esencia de vainilla
- ½ taza de azúcar morena
- 1 cda. de grenetina *(hidratada y fundida)*

PARA DECORAR

- canela en polvo al gusto

1. En un bowl, agrega las galletas previamente molidas y la mantequilla. Mezcla hasta obtener una masita consistente y que se apelmace. Vierte la mezcla en un molde y aplana con fuerza con una cuchara para formar una base uniforme. Refrigera durante 1 hora para que la mantequilla se endurezca. Reserva.

2. Calienta una olla con el arroz blanco previamente remojado, la leche entera, la leche evaporada, la leche condensada, la canela, la esencia de vainilla y el azúcar. Cocina durante 40 minutos, o hasta que el arroz esté suave. Retira la preparación.

3. Licúa la preparación y la grenetina previamente hidratada. Reserva.

4. Retira la base de refrigeración y agrega la mezcla de la licuadora. Refrigera hasta que la tarta cuaje.

5. Sirve y decora con canela en polvo.

TARTA DE FRUTAS CON CREMA PASTELERA

TIEMPO: 2 HRS 40 MIN   DIFICULTAD: MEDIA   PORCIONES: 8

PARA LA BASE

- 1 ½ tazas de nuez
- 2 tazas de galletas de naranja
- 1 taza de mantequilla *(fundida)*

PARA LA CREMA PASTELERA

- 5 yemas de huevo
- ¾ taza de azúcar
- 5 cdas. de fécula de maíz
- 2 tazas de leche
- 1 cda. de esencia de vainilla
- 2 cdas. de grenetina *(hidratada y fundida)*

PARA ARMAR LA TARTA

- 1 taza de durazno en almíbar *(en rebanadas)*
- 1 taza de kiwi *(en rebanadas)*
- 1 taza de fresas *(en rebanadas)*
- ½ taza de zarzamoras
- ½ taza de frambuesas
- ¼ taza de mora azul
- suficiente miel para barnizar

1. Para la base, procesa las nueces con las galletas de naranja hasta obtener un polvo fino. Agrega la mantequilla derretida e incorpora bien.

2. Vierte sobre una base de tarta de 25 cm de diámetro y con ayuda de tus manos presiona hasta comprimir. Refrigera por 1 hora, o hasta que tome consistencia.

3. En un bowl, bate las yemas con el azúcar y la fécula de maíz, hasta blanquear. Reserva.

4. Calienta la leche a fuego bajo en una olla, agrega la esencia de vainilla y cuando suelte el hervor, tempera las yemas con una cucharada de leche caliente.

5. Regresa toda la preparación de yemas a la olla y cocina a fuego bajo sin dejar de mover hasta espesar.

6. Agrega la grenetina fundida en forma de hilo sin dejar de mover. Vierte en un bowl y deja enfriar.

7. Rellena la tarta con la crema, decora con las frutas y barniza con miel. Refrigera durante 1 hora, o hasta que la crema tome consistencia. Sirve.

CHEESECAKE CON ZARZAMORA SIN HORNO

TIEMPO: 3 HRS 20 MIN **DIFICULTAD:** MEDIA **PORCIONES:** 10

PARA LA BASE

- 500 g de galletas María
- ¾ taza de mantequilla *(derretida)*

PARA EL RELLENO

- 950 g de queso crema
- ¼ taza de azúcar
- ½ taza de jugo de limón
- 1 cdita. de esencia de vainilla
- ¼ taza de leche condensada
- 3 sobres de grenetina *(7 g c/u, hidratada y fundida)*

PARA LA COMPOTA DE ZARZAMORAS

- 2 tazas de zarzamora
- ½ taza de azúcar
- 1 cda. de jugo de limón

PARA DECORAR

- suficiente crema batida
- 1 limón amarillo *(cortado en medias lunas)*
- zarzamoras al gusto
- suficiente azúcar refinada

1. Para la base, en un bowl, tritura las galletas y añade la mantequilla derretida, mezcla muy bien. En un molde para pastel, vierte la preparación anterior y forma una base. Refrigera.

2. Para el relleno, bate el queso crema, el azúcar, el jugo de limón, la esencia de vainilla y poco a poco añade la leche condensada. En forma de hilo, vierte la grenetina fundida.

3. Vierte el relleno sobre la base de galletas y aplana la superficie con una espátula. Refrigera hasta que cuaje.

4. Para la compota, en una ollita cocina las zarzamoras con el azúcar y el jugo de limón por 20 minutos, o hasta que se deshaga la fruta y obtengas una mermelada. Enfría.

5. Con ayuda de una manga, duya la crema batida en el borde del cheesecake. Al centro, vierte la mermelada de zarzamoras y decora con limones y zarzamoras cubiertas de azúcar. Refrigera y sirve.

BOMBA DE OREO® FRÍA

TIEMPO: 2 HRS 20 MIN   **DIFICULTAD:** MEDIA   **PORCIONES:** 8

PARA LA BOMBA

- 570 g de queso crema
- 1 ½ tazas de crema para batir
- ¾ taza de azúcar glass
- 1 cdita. de esencia de vainilla
- 2 sobres de grenetina *(7g c/u, hidratada y fundida)*
- 2 paquetes de galletas Oreo®
- 2 tazas de fresas *(lavadas y desinfectadas y en cuartos)*

PARA DECORAR

- crema batida al gusto

1. Bate el queso crema con la crema para batir, el azúcar glass y la esencia de vainilla hasta tener una mezcla homogénea. Poco a poco agrega la grenetina hidratada y bate por 1 minuto más.

2. Coloca plástico adherente sobre un bowl, pegándolo hacia las paredes, cubre con galletas, agrega una cuarta parte del relleno, las fresas y una capa de galletas. Repite el proceso hasta llenar por completo, terminando con galletas.

3. Refrigera hasta que cuaje.

4. Desmolda y decora con crema batida. Sirve.

TIP KIWILIMÓN

Cuando prepares **este postre**, utiliza un molde de plástico, para que sea más sencillo desmoldar, y para que las galletas no se rompan con tanta facilidad, enfríalas por un rato y así conservarán una mejor forma.

CARLOTA DE LIMÓN

TIEMPO: 2 HRS   DIFICULTAD: BAJA   PORCIONES: 10

INGREDIENTES

- ¼ taza de jugo de limón
- 1 ½ tazas de leche evaporada
- 1 ½ tazas de leche condensada
- 2 paquetes de galletas María

1. Exprime los limones y reserva el jugo.
2. Licúa la leche evaporada, la leche condensada y el jugo de limón hasta obtener una crema.
3. En un recipiente mediano, coloca las galletas María y agrega la mezcla anterior. Forma capas con las galletas y la mezcla que preparaste. Rellena el molde perfectamente.
4. Decora con trocitos de galleta o con rodajas de limón.
5. Refrigera durante 2 horas y sirve.

TIP KIWILIMÓN

Para darle mayor estabilidad a una **carlota de limón**, es recomendable tener el relleno muy frío. Además, para darle un extra de firmeza, cuando esté todo montado colócalo en el congelador unos minutos.

GELATINA MOSAICO DE CAJETA CON VAINILLA

TIEMPO: 1 HR 30 MIN   **DIFICULTAD:** MEDIA   **PORCIONES:** 12

PARA LA GELATINA DE VAINILLA

- 2 tazas de leche evaporada
- 1 taza de leche
- 1 taza de leche condensada
- 4 sobres de grenetina *(7 g c/u, hidratada y fundida)*
- 4 cdas. de esencia de vainilla

PARA LA GELATINA DE CAJETA

- 2 tazas de cajeta
- 1 taza de leche
- 1 taza de leche evaporada
- 4 sobres de grenetina *(7 g c/u, hidratada y fundida)*

PARA DECORAR

- crema batida al gusto
- ½ taza de nuez

1. Para la gelatina de vainilla, licúa la leche evaporada, la leche, la leche condensada, la grenetina y la esencia de vainilla.

2. En un molde previamente engrasado, vierte la preparación y refrigera hasta que cuaje.

3. Para la gelatina de cajeta, licúa la cajeta, la leche, la leche evaporada y la grenetina. Reserva.

4. Vierte la mitad de la mezcla en un molde previamente engrasado y refrigera.

5. Desmolda la gelatina de vainilla y corta en cuadritos. Colócalos encima de la gelatina de cajeta ya cuajada, y cubre con el resto de la mezcla de cajeta. Refrigera hasta que cuaje.

6. Desmolda y decora con crema batida y nuez. Sirve.

GELATINA NAPOLITANA DE GANSITO®

TIEMPO: 55 MIN   DIFICULTAD: ALTA   PORCIONES: 10

PARA LA BASE DE GELATINA

- 2 ½ L de leche
- 1 taza de azúcar
- 1 raja de canela
- 2 cdas. de esencia de vainilla
- 6 sobres de grenetina (7 g c/u, hidratada y fundida)
- colorante vegetal amarillo al gusto
- 4 cdas. de saborizante artificial en polvo de vainilla
- colorante vegetal rosa al gusto
- 4 cdas. de saborizante artificial en polvo de fresa
- 4 cdas. de saborizante artificial en polvo de chocolate

PARA EL RELLENO

- 4 Gansitos®

1. Para la gelatina, calienta una ollita a fuego medio con la leche, añade el azúcar, la canela y la esencia de vainilla para que se disuelva.

2. Agrega la grenetina hidratada para que se disuelva con el calor, separa la preparación en 3 bowls diferentes. Al primer bowl agrégale el saborizante en polvo de vainilla y gotitas de colorante amarillo, al segundo bowl agrégale el saborizante en polvo de fresa y unas gotitas de colorante rosa y a la tercera mezcla agrégale el saborizante en polvo de chocolate. Mezcla bien y reserva.

3. En un molde previamente engrasado, agrega la capa de gelatina de chocolate y refrigera durante 20 minutos.

4. Retira de refrigeración, coloca los Gansitos® y cubre con la gelatina de fresa. Refrigera hasta que cuaje.

5. Para la parte final, añade la gelatina de vainilla y vuelve a refrigerar hasta que cuaje.

6. Desmolda y sirve.

FLOTATINA DE VAINILLA

TIEMPO: 4 HRS **DIFICULTAD:** MEDIA **PORCIONES:** 10

PARA LA GELATINA DE VAINILLA

- 1 taza de leche
- ½ taza de crema ácida
- ¾ taza de leche condensada
- 2 cdas. de esencia de vainilla
- 4 sobres de grenetina *(7 g c/u, hidratada y fundida)*

PARA LA GELATINA DE FRESA

- 4 tazas de agua caliente
- 1 sobre de gelatina de fresa
- 2 cdas. de colorante rojo

PARA DECORAR

- fresas al gusto *(en rebanadas)*

1. Para la gelatina de vainilla, licúa la leche con la crema, la leche condensada, la esencia de vainilla y la grenetina.

2. Vierte en un molde y refrigera hasta que cuaje.

3. En agua caliente, disuelve el polvo de la gelatina de fresa y agrega el colorante vegetal rojo. Deja enfriar pero sin que se cuaje.

4. Con cuidado, despega la gelatina del molde y vierte la preparación sabor fresa. Trata de que baje por los lados y se encapsule. Llena hasta cubrir por completo y que la gelatina de vainilla flote.

5. Refrigera hasta que cuaje, desmolda y sirve con fresas en rebanadas.

GELATINA DE GALLETAS MARÍA

TIEMPO: 3 HRS **DIFICULTAD: BAJA** **PORCIONES: 8**

PARA LA GELATINA

340	g de galletas María
1	taza de leche condensada
2	tazas de leche evaporada
1	taza de media crema
3	tazas de leche entera
190	g de queso crema
⅓	taza de cajeta
1	cda. de esencia de vainilla
6	sobres de grenetina (7 g c/u, hidratada y fundida)

PARA DECORAR

crema batida al gusto

1. Licúa todos los ingredientes hasta obtener una mezcla homogénea y agrega la grenetina en forma de hilo sin dejar de licuar.

2. En un molde para gelatina previamente engrasado, vierte la preparación y refrigera hasta que cuaje.

3. Desmolda y decora con crema batida. Sirve.

¿SABÍAS QUE?

La **gelatina** es un producto que fue descubierto por el francés Papín. Es natural, libre de gluten, grasa y colesterol. Aporta proteínas y colágeno, el cual funciona para reparar el desgaste de las articulaciones.

GELATINA DE MANGO CON CHAMOY

TIEMPO: 3 HRS   DIFICULTAD: MEDIA   PORCIONES: 14

PARA CUBITOS DE GELATINA DE MANGO

- ½ taza de gelatina de mango
- 1 ½ tazas de agua caliente

PARA LA GELATINA DE CHAMOY

- 1 taza de agua caliente
- 2 tazas de chamoy líquido
- ½ taza de chile en polvo
- 1 taza de mango
- 8 sobres de grenetina *(7 g c/u, hidratada y fundida)*

PARA DECORAR

- chamoy líquido al gusto
- chile en polvo al gusto

1. Para los cubitos de gelatina de mango, en un bowl, mezcla la grenetina con el agua caliente hasta que se incorpore por completo, vierte en un molde rectangular y refrigera hasta que cuaje. Retira de refrigeración y corta en cubos medianos. Reserva en refrigeración.

2. Para la gelatina de chamoy, licúa el agua caliente con el chamoy líquido, el chile en polvo y el mango. La mezcla debe quedar suave y tersa. Agrega la grenetina en forma de hilo y reserva.

3. En un molde previamente engrasado, agrega cubitos de mango y cubitos de gelatina cristalina, vierte la mezcla que licuaste anteriormente, refrigera hasta que cuaje la gelatina. Desmolda y decora con cubitos de mango al centro, chamoy líquido y chile en polvo. Sirve.

GELATINA DE LECHE CONDENSADA CON FRESAS

TIEMPO: 4 HRS 10 MIN   DIFICULTAD: ALTA   PORCIONES: 12

PARA LA GELATINA DE FRESA

- 4 tazas de agua caliente
- 1 sobre de gelatina de fresa
- 2 sobres de grenetina *(7 g c/u, hidratada y fundida)*
- 1 ½ tazas de fresas *(cortadas a medida del molde, lavadas y desinfectadas)*

PARA LA GELATINA DE LECHE CONDENSADA

- 2 tazas de leche
- 2 tazas de leche condensada
- 1 taza de leche evaporada
- 6 sobres de grenetina *(7 g c/u, hidratada y fundida)*

PARA DECORAR

- fresas al gusto
- menta al gusto

1. Disuelve el sobre de gelatina de fresa en el agua caliente y agrega la grenetina. Mezcla.

2. Vierte un cucharón en un molde redondo de 10 cm de diámetro. Refrigera hasta que cuaje.

3. Coloca las fresas sobre la gelatina cuajada y vierte el resto de la gelatina de fresa, refrigera hasta que cuaje. Desmolda y reserva.

4. Calienta la leche con la leche condensada, la leche evaporada, agrega la grenetina y mezcla para que no queden grumos. Enfría a temperatura ambiente cuidando que no cuaje.

5. Vierte 2 cucharones de gelatina de leche sobre un molde redondo de 20 cm de diámetro. Refrigera hasta que cuaje.

6. Coloca la gelatina de fresa sobre la gelatina de leche y vierte el resto de la gelatina de leche hasta cubrir. Refrigera hasta que cuaje por completo.

7. Desmolda y decora con fresas y menta. Sirve.

PASTEL DE CREPAS DE CONEJOS®

TIEMPO: 1 HR   **DIFICULTAD:** ALTA   **PORCIONES:** 12

PARA LAS CREPAS

- 2 tazas de leche
- 1 taza de harina
- ¼ taza de mantequilla *(derretida)*
- 2 huevos

PARA EL BETÚN

- 380 g de queso crema light *(a temperatura ambiente)*
- 1 ½ tazas de Chocolate Turín® de leche *(derretido)*
- 9 Conejos® de chocolate

PARA DECORAR

- suficientes Conejos® de chocolate

1. Licúa la leche con la harina, la mantequilla y el huevo.

2. En una sartén de teflón, vierte un poco de la mezcla anterior y extiende para formar la crepa. Cocina por 3 minutos por ambos lados y retira. Repite hasta terminar con la mezcla y tener varias crepas. Reserva.

3. Para el betún, en un bowl, suaviza el queso crema y mezcla con el chocolate Turín® de leche hasta integrar.

4. En un aro o molde para pastel de 20 cm de diámetro, coloca una crepa y unta con un poco de betún de chocolate, repite hasta terminar con las crepas. Refrigera 30 minutos.

5. Desmolda el pastel y cubre con el resto del betún, alisa con ayuda de una espátula. Reserva.

6. Derrite 4 Conejos® en el microondas en lapsos de 30 segundos. Cubre la superficie del pastel y deja secar. Ralla 5 piezas de Conejos® y cubre los bordes del pastel. Decora con los chocolates enteros, colocándolos en la superficie del pastel.

7. Refrigera el pastel 10 minutos más para que seque por completo y sirve.

CREPAS CON CAJETA

TIEMPO: 40 MIN **DIFICULTAD:** BAJA **PORCIONES:** 6

PARA LA MASA DE CREPAS

1	taza de harina
½	cdita. de sal
1	cda. de azúcar
2	tazas de leche
3	huevos
2	cdas. de mantequilla

PARA LA SALSA DE CAJETA

1	taza de cajeta
½	taza de leche

PARA DECORAR

nuez picada al gusto

1. Para la masa de crepas, junta los ingredientes secos *(harina, sal y azúcar)* y junta los ingredientes líquidos *(leche y huevo)*. Mezcla todos los ingredientes hasta lograr una buena consistencia. Al final añade la mantequilla derretida.

2. Calienta una sartén a fuego medio, vierte un cucharón de la mezcla de crepas y extiende para formar la crepa. Cocina la masa por 3 minutos y repite hasta terminar con la mezcla. Reserva.

3. Calienta una sartén a fuego medio y vierte la leche junto con la cajeta. Cocina por 3 minutos hasta integrar.

4. Sirve las crepas dobladas y vierte salsa al gusto para cubrirlas. Decora con nuez picada y sirve.

FLAN NAPOLITANO TRADICIONAL

TIEMPO: 1 HR   **DIFICULTAD:** MEDIA   **PORCIONES:** 8

PARA EL CARAMELO

- 1 taza de azúcar

PARA EL FLAN

- 1 taza de leche evaporada
- 1 taza de leche condensada
- 6 huevos
- 1 cdita. de esencia de vainilla
- 6 cdas. de azúcar
- 1 pizca de canela en polvo
- 1 taza de media crema
- 190 g de queso crema

1. Para el caramelo, en una ollita, coloca el azúcar y calienta a fuego medio hasta que tenga buena consistencia. Antes de que se enfríe, vierte en un molde de flan y reserva.

2. Licúa todos los ingredientes hasta que se incorporen y añade al molde sobre el caramelo frío y duro.

3. Cubre el flan con papel aluminio, colócalo en una ollita con agua para el baño María y tapa.

4. Cocina por 45 minutos a fuego medio o bien hasta insertar un palillo y que éste salga limpio. Deja enfriar y desmolda. Sirve.

TIP KIWILIMÓN

Para tener un **flan** perfecto es importante que no pongas demasiada agua para el baño María, ya que puede entrar agua al molde y afectar el resultado.

POSTRES DE LA ABUELA

Así como el calor es importante para la vida, estos postres necesitan mucho amor y tradición para estar perfectos y ser el cierre espectacular de tus comidas. Hay una leyenda que dice que el postre va directo al corazón y sí, con estas espectaculares recetas no habrá quien se resista a pobarlos y sentir un apapacho con cada bocado. Pastel pan de elote, donitas de azúcar caseras, pastel de zanahoria con betún de queso crema. No cabe duda que con estas recetas conquistarás no sólo el paladar y el estómago de quien las pruebe, también sus corazones.

- **230** Chocoflan de café
- **232** Pastel pan de elote
- **234** Donitas de azúcar caseras
- **236** Polvorones de naranja
- **238** Flan de Ferrero®
- **240** Pastel de tres leches de cajeta en plancha
- **242** Pastel de chocolate con nuez fácil
- **244** Budín de pan duro
- **246** Pastel de tres leches con piña colada
- **248** Pastel volteado de plátano
- **250** Pastel de zanahoria con betún de queso crema
- **252** Conchas esponjosas

CHOCOFLAN DE CAFÉ

TIEMPO: 3 HRS 10 MIN   DIFICULTAD: ALTA   PORCIONES: 8

PARA EL CARAMELO

- 1 taza de azúcar refinada

PARA EL FLAN

- 4 huevos
- 2 yemas de huevo
- 2 cdas. de leche
- 1 ¾ tazas de leche evaporada
- ¾ taza de leche condensada
- 1 cda. de esencia de vainilla
- ⅓ taza de café soluble

PARA EL PASTEL

- 2 huevos
- 8 cdas. de azúcar
- 1 cda. de miel
- 4 cdas. de aceite vegetal
- ½ taza de harina
- 2 cdas. de cocoa
- ¼ cdita. de polvo para hornear

PARA EL BETÚN

- 2 tazas de queso crema
- ½ taza de azúcar glass
- 3 cdas. de crema para batir

PARA DECORAR

- 1 taza de chispas de chocolate
- galletas de barquillo al gusto

1. Precalienta el horno a 160 °C.

2. Para el caramelo, en una ollita a fuego bajo cocina el azúcar hasta formar un caramelo color ámbar. Vierte en un molde para flan y deja secar.

3. Para el flan, en un bowl, bate los huevos con las yemas, las leches, la esencia de vainilla y el café hasta incorporar.

4. En otro bowl, bate el huevo con el azúcar y la miel. En forma de hilo, agrega lentamente la esencia de vainilla y, con una coladera, cierne la harina, la cocoa y el polvo para hornear.

5. Sobre el caramelo, vierte la mezcla del pastel y arriba coloca la mezcla de flan. Cubre con papel aluminio y hornea a baño María durante 1 hora 40 minutos. Enfría, desmolda y refrigera 1 hora.

6. Para el betún, bate el queso crema con el azúcar glass y la crema para batir, hasta formar un betún suave y esponjoso. Decora el pastel con el betún y coloca las nueces, las chispas y las galletas de barquillo. Sirve.

PASTEL PAN DE ELOTE

TIEMPO: 55 MIN   **DIFICULTAD:** MEDIA   **PORCIONES:** 12

INGREDIENTES

- 1 ¼ tazas de elote amarillo
- 1 ¼ tazas de elote blanco
- 2 ½ tazas de harina
- 2 tazas de leche condensada
- ½ taza de queso crema
- 6 huevos grandes
- 1 cda. de polvo para hornear
- 1 ¼ tazas de aceite vegetal

1. Precalienta el horno a 180 °C.
2. Licúa los elotes con la harina, la leche condensada, el queso crema, el huevo, el polvo para hornear y el aceite vegetal hasta obtener una mezcla homogénea.
3. Vierte la preparación en un molde para pastel de 25 cm de diámetro, previamente engrasado y enharinado. Hornea durante 45 minutos, o hasta que esté esponjoso y cocido.
4. Enfría y sirve.

¿SABÍAS QUE?

A la fecha, existen alrededor de 64 distintos **tipos de maíz** en nuestro país, 58 de ellos son nativos y en México se han documentado por lo menos 600 platillos hechos a base de maíz. El maíz más grande del mundo se llama Jala, es endémico de Nayarit y puede alcanzar hasta 60 centímetros.

DONITAS DE AZÚCAR CASERAS

TIEMPO: 1 HR 30 MIN   **DIFICULTAD:** MEDIA   **PORCIONES:** 12

INGREDIENTES

- 4 tazas de harina
- 1 sobre de levadura seca *(11 g)*
- ¾ taza de leche
- ¾ taza de azúcar
- ½ cdita. de sal
- 3 huevos
- ¼ taza de mantequilla
- suficiente harina *(para extender)*
- suficiente aceite *(para freír)*
- suficiente azúcar *(para espolvorear)*

1. En un bowl, mezcla la harina, la levadura, la leche, el azúcar, la sal, los huevos y amasa hasta que quede una buena consistencia. Agrega la mantequilla y continúa amasando por 15 minutos más, o hasta que esté suave.

2. Coloca la masa en un bowl previamente engrasado y tapa con un trapo húmedo. Deja reposar por 1 hora.

3. Sobre una superficie enharinada, extiende la masa con un rodillo hasta que esté de 1 cm de ancho y deja reposar sobre la mesa por 10 minutos antes de cortar.

4. En una ollita a fuego medio, calienta el aceite y con ayuda de un palito, fríe las donas por los dos lados. Cuando estén doraditas, retira y escurre en papel absorbente para quitar el exceso de grasa. Espolvorea con azúcar y sirve.

POLVORONES DE NARANJA

TIEMPO: 45 MIN   DIFICULTAD: BAJA   PORCIONES: 8

INGREDIENTES

- 4 tazas de harina
- 2 tazas de manteca vegetal
- 2 huevos
- 2 ¼ tazas de azúcar
- 1 ½ cditas. de polvo para hornear
- 1 cdita. de esencia de vainilla
- 1 naranja *(ralladura)*

1. Precalienta el horno a 180 °C.
2. En un bowl de batidora, mezcla todos los ingredientes perfectamente.
3. Sobre una superficie enharinada, amasa la mezcla anterior por 5 minutos, o bien, hasta que ésta se despegue de tus manos.
4. Forma bolitas de 80 g y coloca sobre una charola, presiona suavemente con tu mano y hornea por 15 minutos. Deja enfriar y sirve.

TIP KIWILIMÓN

La mezcla para hacer **polvorones** se caracteriza por ser un poco arenosa cuando se hornea. Sin embargo, evita batir demasiado porque calentarías la manteca y el resultado final podría verse afectado.

FLAN DE FERRERO®

TIEMPO: 5 HRS 20 MIN　　DIFICULTAD: ALTA　　PORCIONES: 14

PARA EL CARAMELO

- ¾ taza de azúcar refinada

PARA EL FLAN

- 4 tazas de leche evaporada
- 1 cda. de esencia de vainilla
- ¾ taza de crema de avellanas
- 15 chocolates Ferrero®
- 4 huevos
- 5 yemas de huevo
- 1 taza de azúcar

PARA LA CREMA BATIDA DE CHOCOLATE

- 1 taza de crema batida
- ½ taza de chocolate derretido

PARA DECORAR

- chocolate Ferrero® al gusto

1. Precalienta el horno a 180 °C.
2. Para el caramelo, calienta una sartén a fuego bajo con el azúcar hasta que se forme un caramelo color ámbar. En un molde para flan, vierte la mezcla y cubre toda la superficie. Reserva.
3. Para el flan, licúa la leche evaporada con la esencia de vainilla, la crema de avellanas y los chocolates. Reserva.
4. En un bowl, bate los huevos con las yemas y el azúcar hasta que cambien de color.
5. En una ollita a fuego lento, agrega la mezcla de la licuadora hasta que se reduzca una cuarta parte. Retira del fuego y con la leche tempera la mezcla de huevo. Regresa la preparación anterior y cocina a fuego bajo hasta que espese. Mueve constantemente para evitar que el huevo quede cocido.
6. Agrega la preparación anterior al molde con el caramelo, tapa muy bien con papel aluminio, hornea a baño María por 2 ½ horas. Retira del horno, enfría y refrigera al menos 2 horas. Desmolda.
7. Mezcla la crema con el chocolate derretido y coloca en una manga pastelera.
8. Decora el flan con rosetones de crema y los chocolates. Sirve.

PASTEL DE TRES LECHES DE CAJETA EN PLANCHA

TIEMPO: 3 HRS 25 MIN   **DIFICULTAD:** ALTA   **PORCIONES:** 10

PARA EL BIZCOCHO

- 12 claras de huevo
- ½ taza de azúcar
- 12 yemas de huevo
- ½ taza de azúcar
- 1 cda. de esencia de vainilla
- 1 cda. de ralladura de naranja
- 2 tazas de harina cernida

PARA LAS TRES LECHES

- 1 taza de leche entera
- 1 taza de leche evaporada
- 1 taza de media crema
- ½ taza de cajeta
- suficiente ron blanco

PARA RELLENAR

- 1 taza de cajeta

PARA EL BETÚN

- 2 tazas de crema para batir
- ¼ taza de azúcar glass

PARA DECORAR

- cajeta al gusto

1. Precalienta el horno a 180 °C.

2. Para el bizcocho, bate las claras con el azúcar a punto de turrón. Bate las yemas con el azúcar hasta doblar su volumen. Agrega la esencia de vainilla y la ralladura de naranja.

3. En un bowl, mezcla las claras a las yemas y mezcla de manera envolvente. Incorpora la harina cernida en forma de lluvia y envuelve cuidadosamente tratando que no se baje la preparación.

4. Vierte en un molde engrasado y enharinado. Hornea por 25 minutos y deja enfriar. Desmolda y corta el bizcocho por la mitad.

5. Para las tres leches, calienta a fuego bajo los ingredientes hasta incorporar. Retira y deja enfriar.

6. Sobre una tabla empareja los bizcochos, y humedécelos con las tres leches. Agrega cajeta a uno de ellos y coloca encima el otro bizcocho. Refrigera 1 hora.

7. Para el betún, mezcla la crema para batir con el azúcar glass hasta que doble su tamaño.

8. Cubre el pastel con la crema batida, decora con la cajeta y refrigera nuevamente hasta servir.

PASTEL DE CHOCOLATE CON NUEZ FÁCIL

TIEMPO: 45 MIN · **DIFICULTAD:** BAJA · **PORCIONES:** 8

INGREDIENTES

- 100 g de mantequilla
- 6 huevos
- 120 g de chocolate semiamargo
- 200 g de nuez *(tostada)*
- ¾ taza de azúcar
- ¼ taza de harina
- ½ cdita. de polvo para hornear
- 6 cdas. de leche
- ¼ taza de azúcar glass

1. Precalienta el horno a 180 °C.
2. En una ollita a fuego medio, derrite la mantequilla y el chocolate.
3. Licúa las nueces y los huevos y luego agrega la leche, la harina, el polvo para hornear, la mezcla de chocolate y la mantequilla derretida.
4. Engrasa y enharina un molde redondo para pastel *(alrededor de 28 cm de diámetro)* y rellena con la mezcla previamente hecha.
5. Hornea durante 30 minutos y, cuando lo retires del horno, deja que enfríe 10 minutos antes de desmoldar.
6. Espolvorea con azúcar glass y sirve con helado de vainilla.

¿SABÍAS QUE?

La palabra **chocolate** proviene de la palabra azteca *xocolatl* que significa agua amarga. Grandes investigadores aseguran que los españoles lo importaron a Europa. En 1657, en Londres, abrió la primera tienda conocida de chocolate.

BUDÍN DE PAN DURO

TIEMPO: 1 HR   **DIFICULTAD:** MEDIA   **PORCIONES:** 8

INGREDIENTES

- 7 piezas de pan duro
- 2 tazas de leche
- ½ taza de azúcar
- 5 huevos
- 1 cda. de esencia de vainilla
- ¼ taza de pasas
- ¼ taza de nuez *(troceada)*
- 90 g de mantequilla *(fundida)*

1. Precalienta el horno a 190 °C.

2. Corta el pan en trozos pequeños, colócalo en un bowl y agrega la leche para que se remoje por 10 minutos.

3. Cuela el pan para retirar la leche y agrégale el azúcar, el huevo, la esencia de vainilla, las pasas, la nuez y la mantequilla fundida.

4. Mezcla y vacía la preparación anterior en un molde para pastel de 28 cm de diámetro.

5. Hornea sin tapar por 45 minutos, pasado el tiempo revisa la cocción introduciendo un palillo al centro, éste debe salir limpio. Deja enfriar y sirve.

PASTEL DE TRES LECHES CON PIÑA COLADA

TIEMPO: 1 HR 20 MIN   **DIFICULTAD:** ALTA   **PORCIONES:** 12

PARA EL PASTEL

- 200 g de mantequilla
- ¾ taza de azúcar
- ½ taza de leche condensada
- 5 huevos
- ¾ taza de harina *(cernida)*
- 1 cdita. de polvo para hornear

PARA LAS TRES LECHES

- ½ taza de leche evaporada
- ½ taza de leche de coco
- ½ taza de crema de coco
- ½ taza de jugo de piña
- ½ taza de ron

PARA EL BETÚN

- ½ taza de crema de coco
- ¼ taza de crema para batir
- 190 g de queso crema

PARA DECORAR

- coco al gusto *(rallado y tostado)*
- piña al gusto *(cortada en triángulos)*
- cerezas al gusto

1. Precalienta el horno a 180 °C.
2. En una batidora, coloca la mantequilla, el azúcar y mezcla hasta que se incorpore por completo. Agrega la leche condensada y el huevo uno a uno; poco a poco agrega la harina y el polvo para hornear, previamente cernidos. Incorpora hasta obtener una mezcla homogénea.
3. En un molde previamente engrasado y enharinado, vierte la mezcla.
4. Hornea por 30 minutos hasta que obtengas un pastel esponjoso. Coloca el pan sobre una reja y enfría. Reserva.
5. En un bowl, agrega los ingredientes para las tres leches y mezcla hasta incorporar. Vierte esta preparación sobre el pastel hasta que se humedezca el pan. Refrigera.
6. En un bowl, bate los ingredientes para el betún hasta que doblen su volumen.
7. Cubre el pastel con la crema batida, decora con la piña y las cerezas. Sirve.

PASTEL VOLTEADO DE PLÁTANO

TIEMPO: 1 HR 45 MIN **DIFICULTAD:** ALTA **PORCIONES:** 8

INGREDIENTES

- 2 plátanos
- 180 g de mantequilla
- 1 taza de azúcar
- 4 huevos
- 1 taza de harina
- ½ cdita. de bicarbonato de sodio
- 1 cdita. de canela
- 1 taza de leche
- ½ taza de miel
- 2 plátanos *(cortados en rodajas)*

PARA ACOMPAÑAR

- helado de vainilla al gusto

1. Precalienta el horno a 180 °C.
2. Con ayuda de un machacador, aplasta los plátanos y reserva.
3. Bate la mantequilla con el azúcar y agrega uno a uno los huevos y el puré de plátano.
4. Con ayuda de un colador, agrega la harina, el bicarbonato, la canela y un poco de leche. Bate por 5 minutos, hasta integrar los ingredientes.
5. Vierte la miel sobre un molde y agrega las rodajas de plátano. Agrega la mezcla anterior y hornea por 35 minutos, o hasta insertar un palillo y éste salga limpio.
6. Desmolda y sirve acompañado con una bola de helado de vainilla.

¿SABÍAS QUE?

El plátano es el único fruto que tiene un museo en su honor, el cual se encuentra en Mecca, California y contiene 25 mil artículos inspirados en él.

PASTEL DE ZANAHORIA CON BETÚN DE QUESO CREMA

TIEMPO: 1 HR 50 MIN   **DIFICULTAD:** ALTA   **PORCIONES:** 12

PARA EL BIZCOCHO

3	tazas de harina
1 ½	tazas de azúcar
3	cditas. de bicarbonato de sodio
3	cditas. de canela
1 ½	cditas. de sal
2	tazas de aceite de maíz
6	huevos
3	tazas de zanahoria *(rallada)*
¾	taza de nuez *(picada y tostada al horno)*

PARA EL BETÚN

1	taza de mantequilla
380	g de queso crema
3	tazas de azúcar glass
1	cda. de esencia de vainilla
2	gotas de colorante vegetal

PARA DECORAR

nueces al gusto *(picadas)*

1. Precalienta el horno a 180 °C.

2. Engrasa y enharina los moldes. Cierne la harina, el azúcar, el bicarbonato, la canela y la sal.

3. Agrega los ingredientes secos a la batidora, sin dejar de batir añade el aceite hasta incorporar perfectamente; agrega los huevos uno a uno hasta integrar. Agrega las zanahorias y bate por 5 minutos más.

4. Añade las nueces y bate ligeramente. Divide la mezcla y vierte sobre dos moldes redondos previamente engrasados y enharinados.

5. Hornea por 1 hora, o hasta que al introducir un palillo éste salga limpio.

6. Para el betún, bate la mantequilla hasta acremar, agrega el queso crema con el azúcar y la vainilla hasta que quede una mezcla suave.

7. Desmolda los pasteles, unta un poco de betún sobre uno de éstos y cubre con el otro pastel. Decora con el resto del betún y las nueces y sirve.

CONCHAS ESPONJOSAS

TIEMPO: 1 HR 15 MIN **DIFICULTAD:** ALTA **PORCIONES:** 15

PARA LA MASA

- ½ taza de leche tibia
- 1 cda. de levadura seca
- 4 tazas de harina de trigo
- ½ taza de azúcar
- ½ cdita. de sal
- 2 huevos
- ½ cda. de esencia de vainilla
- 2 tazas de leche entera
- 90 g de mantequilla *(a temperatura ambiente)*

PARA LA COSTRA

- 1 taza de manteca vegetal
- 1 taza de azúcar glass
- 1 taza de harina de trigo
- 2 cdas. de cocoa
- ½ cdita. de esencia de vainilla

1. Precalienta el horno a 180 °C.
2. Hidrata la levadura con la leche tibia y deja reposar 10 minutos.
3. En una batidora mezcla la harina con el azúcar, la sal, la leche, la levadura hidratada, los huevos y la esencia de vainilla. Agrega la mantequilla y bate hasta incorporar.
4. Coloca la masa en un bowl engrasado y tápala, deja reposar por 2 horas, o hasta que doble su volumen.
5. Para la costra, en una batidora mezcla harina, el azúcar glass y la manteca vegetal.
6. Separa la mitad de la masa, agrega a una la cocoa en polvo y a la otra la esencia de vainilla. Tapa y reserva.
7. Forma bolitas con la masa, colócalas en una charola y aplana con la palma de la mano.
8. Toma un poco de la masa de la costra y con ayuda de un rodillo aplana hasta obtener un diámetro igual al de la concha.
9. Cubre las conchas con la costra y marca con un cortador. Deja reposar hasta que dupliquen su volumen y hornea por 15 minutos. Sirve.

ÍNDICE DE RECETAS

A

Agua fresca de horchata **14**
Agua fresca de jamaica **18**
Agua fresca de limón con chía **16**
Agua fresca de limón con fresa **14**
Agua fresca de sandía **16**
Agua fresca de tamarindo **18**
Aguachile vegano **128**
Albóndigas al chipotle rellenas de queso **100**
Arroz blanco con elote y poblano **34**
Atole de galleta **26**

B

Barbacoa de pollo en olla de presión **74**
Birria de res casera **96**
Bomba de Oreo® fría **206**
Budín de pan duro **244**

C

Calabacitas capeadas rellenas de jamón y queso **142**
Calabacitas rellenas de atún a la mexicana **122**
Camarones picositos al ajillo **112**
Cantaritos locos **22**
Carlota de limón **208**
Carnitas caseras en olla de presión **94**
Champurrado **24**
Cheesecake con duraznos en almíbar **194**
Cheesecake con zarzamora sin horno **204**
Chicharrón en salsa roja **160**
Chile ancho relleno de fideo seco en salsa de frijol **48**
Chile en nogada **172**
Chile relleno de camarón con salsa de chipotle **114**
Chocoflan de café **230**
Chuletas a la hawaiana **92**

Cochinita pibil en horno **98**
Coctel de camarones **104**
Conchas esponjosas **252**
Costillas BBQ sin horno **90**
Cremosos camarones endiablados **118**
Crepas con cajeta **224**
Croquetas de atún con queso **106**

D

Dip de cilantro en forma de arbolito **178**
Donitas de azúcar caseras **234**

E

Enchiladas de pollo con chile poblano **66**
Enchiladas mineras estilo Guanajuato **134**
Enchiladas suizas picositas **72**
Ensalada de manzana tradicional **182**
Entomatadas de pollo con queso crema **60**
Espagueti verde **44**

F

Flan de Ferrero® **238**
Flan napolitano tradicional **226**
Flotatina de vainilla **214**
Frijoles charros con chorizo **162**

G

Gelatina de galletas María **216**
Gelatina de leche condensada con fresas **220**
Gelatina de mango con chamoy **218**
Gelatina mosaico de cajeta con vainilla **210**
Gelatina napolitana de Gansito® **212**
Gorditas de nata caseras **174**

H

Hamburguesitas de atún con chipotle **108**
Huaraches de nopal con tinga de zanahoria **148**

L

Lasaña a la boloñesa **50**

Lomo de cerdo con salsa cremosa de chipotle **80**

Lomo mechado con salsa de tamarindo **188**

M

Mangonada **28**

Margarita de jamaica **30**

Mixiote de pollo con nopales **68**

Mole de olla **156**

Mole poblano **170**

Muslos de pollo al limón **76**

P

Pambazos de papa con chorizo **164**

Pasta Alfredo con pollo y brócoli **36**

Pasta cremosa al cilantro **38**

Pasta de coditos fría con jamón **42**

Pasta roja cremosita **52**

Pastel azteca con pollo **62**

Pastel de chocolate con nuez fácil **242**

Pastel de crepas de Conejos® **222**

Pastel de papa con jamón y queso **144**

Pastel de tamal con salsa de frijol **158**

Pastel de tres leches con piña colada **246**

Pastel de tres leches de cajeta en plancha **240**

Pastel de zanahoria con betún de queso crema **250**

Pastel pan de elote **232**

Pastel volteado de plátano **248**

Pay de leche condensada **198**

Pechuga de pavo con salsa de queso **186**

Pescado a la veracruzana **116**

Pescado empapelado en salsa de habanero **120**

Picadillo a la mexicana casero **84**

Piña colada tropical **20**

Pollo con salsa de champiñones y tocino **70**

Polvorones de naranja **236**

Pozole blanco **168**

Q

Quesadillas de flor de calabaza fritas **152**

Queso brie al horno con mermelada de chiles **180**

R

Rollitos de pasta con pollo Alfredo **46**

Rollitos de pollo con salsa de poblano **56**

Rollo de carne relleno de jamón y queso **88**

Rosca de gelatina con frutas **196**

Rosca de reyes tradicional **190**

Rosca de verduras con chamoy casero **130**

Rosetones de papa **184**

S

Salmón envuelto en tocino con guacamole **124**

Sopa de fideo con chile guajillo **40**

Sopa de la milpa **132**

Sopa de tortilla **154**

T

Tacos ahogados de pollo con salsa roja **58**

Tacos de coliflor al pastor **146**

Tacos de pescado capeado con cerveza **110**

Tamales oaxaqueños **166**

Tarta de arroz con leche y galletas María **200**

Tarta de frutas con crema pastelera **202**

Tinga de pollo **64**

Tortitas de nopales con jamón y queso panela en salsa verde **136**

Tortitas de papa con queso cotija caseras **138**

Tostadas con ensalada de nopales **140**

Tostadas de salpicón **86**

Trompo al pastor **82**

Kiwilimón. 10 años cocinando contigo de Kiwilimón
se terminó de imprimir en febrero 2020
en los talleres de
Offset Santiago S.A. de C.V.
Ubicados en Parque Industrial Exportec,
Toluca, Estado de México. C.P 50200